東大エグゼクティブ・マネジメント

# 世界の語り方

## 1　心と存在

東大ＥＭＰ／中島隆博——編

東京大学出版会

The Art of Telling the World Volume 1:
Mind and Existence
The University of Tokyo Executive Management Program and
Takahiro Nakajima, Editors
University of Tokyo Press, 2018
ISBN978-4-13-043061-6

# はじめに

２００８年10月に東京大学エグゼクティブ・マネジメント・プログラム（東大ＥＭＰ）は創設されました。リーマン・ショックただ中の船出は、21世紀の新しい知の形を提示する責務を、わたしたちに迫るものでした。そして、２０１１年3月には東日本大震災が起こります。甚大な被害は、福島第一原発の事故を含むことによって、わたしたちの社会的想像力そのものを根底から揺さぶりました。

科学の意義、テクノロジーとの関係の仕方、広がる格差、予想もつかないほどの政治状況の変化、超高齢化、医療化する社会、地球の持続可能性、復興する宗教、望ましい未来の社会等々の、差し迫った現実的な課題にどう立ち向かうのか。東大ＥＭＰはこうした課題解決の力を育むべく、最先端の自然科学や社会科学そして人文学の問いの立て方（プロブレマティーク）を、受講生とともに探求してきました。今日の学問は、何を答えるのかという以上に、どう問いを立てるのかが重要だという方法論的転回を経ていますが、その問いを立てる力を、現実的なテーマに対する課題設定力に注ぎ込んだわけです。

その際、東大ＥＭＰでは「本質を捉える」ことを重視しました。それは本質主義のように、何か都合のよいものを本質に立てて容易に物事を理解したこととする道では決してありません。「本質」という概念それ自体がどのような歴史的・学問的文脈で構成されたのかまで問い直すことを要求するものです。それを「関与する知」だと呼んでもよいかもしれません。本質を真に捉えるためには、その物事に対して距離をとって眺めるだけでは不十分で、それらに関与するという、より積極的で反省的な知の態度が必要なのです。

関与するためには適切な道具が必要です。その物事をさまざまな倍率で分析し、比較し、さらには感じとるための道具です。わたしたちはそれを「教養・智慧」と言ってみたり、「新しい常識」と言ってみたりしています。どちらにしても重要なことは、わたしたちが通常あまり疑うことなくそれを生きている常識、すなわち「自然的な見方」に抵抗し、物の見方を自然化するプロセスまで見通す道具です。その道具は、古来繰り返し問われてきた難問（心とは何か、存在とは何か、言語とは何か、倫理とは何か、等々）を新しく語り直すことによって、磨かれていきます。

この道具を磨くのは、哲学だけの仕事ではありません。哲学が格闘し続けてきた難問が、今や、あらゆる学問の最前線において問われるようになっています。東大ＥＭＰはこのように諸学問が出会う場所でもあり、そこには知的で巨大な渦が生じています。それはまるで渦巻きのコミュニティであるかのようです。

では、東大ＥＭＰは何を目指すのか。それは社会的想像力をより豊かにすることによって、システムとしての社会をデザインし直し、マネジメントし直し、日本はもとより、人類社会の未来に貢献することです。耳に心地よい、容易な解決策はありません。ねばり強く新しい課題設定を試み続けること。そしてそれを可能にする新しい常識を、学問という砥石によって磨き続けること。これに尽きるのです。

東大ＥＭＰは発足からちょうど10周年を迎えました。この短くはない期間において積み重ねられてきた経験を振り返り、そしてそれを未来に向けて開いていくために、書物に記録しておこうと考えました。そして、その記録自体が東大ＥＭＰの態度を端的に示すようにしたい。『世界の語り方』というタイトルに込めたのは、そうした思いです。世界をどう新しく語り直すのか。それは、先ほど示した難問を通じて示されていきます。すなわち、心の語り方、存在の語り方、言語の語り方、倫理の語り方を刷新することによって、わたしたちがどう世界に関与していくのかが明らかになるはずです。

さあ、ご一緒に東大ＥＭＰという知的な渦に飛び込みましょう。そして読者のみなさんお一人お一人と、さらなる渦を巻き起こしたいと思います。

２０１８年６月
梅雨晴れの東京にて

中島隆博

# 世界の語り方1　心と存在　目次

# 第II部 存在の語り方 ―― 103

第I部

# 心の語り方

合原一幸
尾藤晴彦
小林康夫
横山禎徳
中島隆博

# 心の語り方

中島隆博

心は古来、宗教や哲学、思想そして文学の言葉によって語られてきた。心の語り方が変化する際には、社会や世界の構想の仕方もまた変化している。近代自然科学とりわけ数学化された世界観が登場したことで、心の語り方には画期が訪れたとも言われる。それは、精神や意識といった概念の洗練とその外部（狂気や無意識）への注視にも示されている。では、現代における心の語り方の新しい常識とは何であるのか。コンピュータ技術の巨大な進展は、心に深く関わっている〈計算する〉もしくは〈数える〉という行為を、まったく別の次元にまでもたらしてしまった。しかし、その内部のどこかに、あるいは外部に、計算を逃れ、計算を逆に可能にするものがありはしないのか。

複雑系数理科学が、複雑系としてより繊細なシステムを構想しうる力を得たときに、「創発」という、システムのどこか外れたところにある出来事を考えなければならないとすれば、それはいかなる心の語り方を発明しようとしているのだろうか。

また、神経科学が脳の複雑な回路に迫ろうとする際、確率論と決定論の間で揺れ動くことで、どちらにも落とし込めないような心の語り方が現れるのだろうか。たとえば、心の根底的な偶然性や、心が「私」という特異性 singularity をまとうことについてはどうだろうか。しかも脳の回路のあり方が、言語の発生にも関わっているのだとすれば、現代科学からの言語の発生へのアプローチも確かめておかなければならない。

それらに対して、出来事の意味を考えてきた現代哲学はどう応答するのか。偶然性、「私」、言語さらにはシステムや制度についても、ジグザグと蛇行しながら考えてきたはずである。あるいは、実は「神」という古い名のものとで考えてきたことを、結局はただ反復しているだけなのか。それとも、わたしたちは心の語り方に対して、別の想像力を獲得しえたのだろうか。

こうした論点を拾い、心の語り方の現代的な姿を示しつつ、それがいかなる社会的なインパクトをもたらすかを全体としては考えてみたい。東大EMPというプロジェクトの肝はこの点にあるからである。それがいかなる「新しい常識」を作り上げられるのだろうか。

# はじめに

**中島**　心は古来、宗教や哲学、思想そして文学の言葉によって語られてきました。心の語り方が変化する際には、社会や世界の構想の仕方もまた変化しています。近代自然科学、とりわけ数学化された世界観が登場したことで、心の語り方には画期が訪れたとも言われています。それは、精神や意識といった概念が洗練されていくだけでなく、その外部、たとえば狂気だとか無意識といった外部が注視されたことにも示されているでしょう。

では、現代における心の語り方の新しい常識とは何であるのでしょうか。コンピュータ技術の巨大な進展は、心に深く関わっていると思います。コンピュータという言葉の語源もそうですが、計算する、もしくは、数えるという行為は、わたしたちに全く別の心の次元をもたらしてしまったのではないのでしょうか。しかし、その内部のどこかに、あるいは外部に、計算を逃れ、計算をかえって可能にするものがありはしないでしょうか。

合原先生が考えられている複雑系数理科学は、複雑系としてより繊細なシステムを構想しうる力を有しています。その際、創発（emergency）という、システムのどこか外れたところにある出来事を考えなければならない、と論じられているわけですが、もしそうだとすれば、いったいそれは、いかなる心の語り方を発明しようとしているのでしょうか。

それから、尾藤先生がお考えになっている脳神経科学も、脳の複雑な回路に迫ろうとするとき、確率論と決定論の間で揺れ動くと思うのですが、どちらにも落とし込めないような心の語り方がはたして現れるのでしょうか。たとえば心の根底的な偶然性ですとか、心が「わたし」というsingularity（特異性）をまとうことについては、いったいどのように語ることができるのでしょうか。しかも脳の回路のあり方は、どうやら言語の発生という非常に難しい問題にも関わっているようですので、現代科学の側からの言語の発生へのアプローチをも確かめておかなければならないと思います。

こういう現代の科学に基づいた議論に対して、出来事の意味ということを考えてきた現代哲学はどう応答するのでしょうか。小林先生は、出来事に関して、これまで縷々論じていらっしゃいます。今申し上げた中でも、たとえば偶然性であるとか、singularityの「わたし」であるとか、言語、さらにはシステムや制度について、現代の人文学は、たとえジグザグと蛇行しながらではあっても、丁寧に考えてきたはずだろうと思います。無論、今までわたしが述べたことは、ひょっとすると、「神」という古い名の下で人類が考えてきたことを、結局はただ反復しているだけなのか、と疑う必要があるかもしれません。別の言い方をすれば、そういう神学が予想していた「神」の議論に対して、わたしたちが現在取り組んでいる心の語り方は、別の想像力を獲得し得ているのか、ということです。この点はぜひ伺ってみたいと思います。

こうしたいくつかの論点を拾いながら、心の語り方の現代的な姿を示し、それによって、こうした心の語り方が、いかなる社会的なインパクトをもたらすのかを、この討論の全体としてぜひ考えてみたいと思います。なぜかというと、東大ＥＭＰというプロジェクトの肝要な点は、学問的な言説が社会的なインパクトをどうもたらすかというところにあるだろうと思うからです。いったい、それはいかなる「新しい常識」をつくり上げていっているのか。みなさんと一緒に考えていきたいと思います。

## 数学化された世界観

**合原**　まず、近代自然科学、とりわけ数学化された世界観というのは、たぶん、ニュートン力学のことを言われていると思うのですけれども、このインパクトは大きかったと思います。それによって、世の中のいろんな現象を対象にして、微分方程式、さらには差分方程式で、そのダイナミズムを表現できるようになったわけです。したがって、いろんな分野でそういう方法論が使われるようになって、われわれが数理モデリングと呼んでいる手法、すなわち現象を微分方程式や差分方程式を言語として用いて表現すると、ダイナミズムに関しては、微分方程式とか差分方程式は自然言語に比べてはるかに高い記述能力を持っているわけです。だから言葉ではとても書けないことが書ける。したがって、いろんな現象やシステムが数学化されたというのは確かなのです。

20世紀には、その勢いを借りて脳に迫ろうとしました。最初の方は成功したのではないでしょうか。たとえば１９５２年にホジキンとハクスレイ[注1]というケンブリッジ大学の生理学教室の研究者が、ヤリイカの巨大神経を使って、神経が電気パルスを出すからくりを見事に微分方程式で表現して、その研究で１９６３年のノーベル生理学・医学賞を受賞しました。つまり微分方程式をつくってノーベル生理学・医学賞をもらった。そういう研究があって、ニューロン・モデルとしてはかなりいいものが出てきました。

それができたので、その先にニューラル・ネットワークをつくって脳にいけるかなと、何となくみんな思ったと思うのですけれども、そこから先をやろうとすると、これがきわめて難しい。その原因は脳の複雑さに尽きると思うのです。そのあたりも後で、尾藤先生にご紹介していただければと思います。つまり、ニューロン・レベルではノーベル賞クラスの数理研究が出ているのだけれども、その先に関しての数学化はそれほど成功しているとは思えないわけです。

したがって、ニュートン力学みたいなもので本当に脳を数学化できるかどうかということを、まずはもう一度考えてみる必要があります。これには、時間の概念もたぶん関連

[注1] サー・アラン・ロイド・ホジキン（Sir Alan Lloyd Hodgkin, 1914-1998）はイギリスの生理学者。アンドリュー・フィールディング・ハクスレイ（Andrew Fielding Huxley, 1917-2012）はイギリスの生物物理学者。中枢神経系の調節に応じて各器官が動くために必要な神経細胞の活動電位の研究により、共に1963年のノーベル生理学・医学賞を受賞。

しています。ニュートン力学は座標軸、状態空間を決めます。そこに絶対時間があって、その絶対時間に沿って状態が動いていく軌道を描くわけです。でも、脳というのは内的な時間を持っています。さらに、われわれは自由に過去に飛んだり未来を考えたりもできるわけで、一瞬にして時間を、脳の中では超えられるわけです。そういう脳そして心の時間の概念とニュートン力学の絶対時間との折り合いが悪いんじゃないかと、脳の数理モデルをつくりながら僕自身は思っています。それが一つです。

それから二つ目として、まさに中島先生もおっしゃいましたが、脳の意識を考えようとしたときに、実はそれよりもはるかに広い無意識の世界が広がっている、ということです。われわれのイメージから言うと、無意識の広大な海の中に意識が氷山の一角みたいにちょこっと出ているという、そういうイメージなんです。その無意識の世界に、膨大な情報処理であったり、アクティビティであったり、そういうものがあるからこそ、脳は高次の能力を発揮できているんじゃないか。そういう実感を持っています。そういう立場で考えたときに、無意識をどう理解して、かつ、意識との関係をどう結わえつけるかという、その部分がこれからのもう一つの研究課題です。

それから三つ目として、脳の能力で具体的にイメージしやすいのは、やっぱり計算なんです。たとえば1＋1が2であるとかは、小学生でも計算というイメージが持てる。チューリング[注2]はそこに目をつけました。チューリングは脳の情報処理のモデルをつくり

[注2] アラン・マシスン・チューリング（Alan Mathieson Turing, 1912–1954） イギリスの数学者、論理学者、暗号解読者、コンピュータ科学者。

たいと考えていたと思うんですけれども、その中で計算というのは非常に具体的なので、その計算プロセスの数理モデルをつくったわけです。それを形式化して数学的に表現することによって、チューリング・マシンというモデルができました。これはたいへん大きな仕事で、それがあるから今のコンピュータがあります。つまり今のデジタル・コンピュータというのは、チューリングがつくったチューリング・マシンを実装したものなのです。それがどんどん能力が上がって、今ではスーパー・コンピュータみたいなものができてきて、計算に関しては、脳はコンピュータにかなわなくなってしまったのです。

ただ、脳の情報処理というのは計算だけではありません。逆に計算能力が人工的にすごく高まったがゆえに、計算に関してはすごい能力を持っているコンピュータには難しいけれども、人間は簡単にやってしまうことがあるということを、数十年前からみんな気付き始めました。それは言語であったりパターン認識であったりといったものです。言い換えれば、人工的なコンピュータとか計算技術の研究というのは、脳の持っている非常にたくさんの能力の中で、ある能力に目をつけて、そこをいかに深掘りするかという側面があって、そういう歴史を有しているわけです。

たとえば、最近のＡＩのディープ・ラーニングは、パターン認識、特に画像のパターン認識に関して、数十年前だったらとてもやれなかったようなことがやれるようになってきています。したがって、ディープ・ラーニングを使えば、静止画の画像認識に関しては人間の能力を超えるようなものまでできてきているわけで、その能力はこれからますます高まるでしょう。しかしながら、それが高まっても、やっぱりそういうＡＩにはできなくて、脳にはできるようなものがあるわけです。直感であったり創造力であったり、あるいは意識それ自体などはその最たるものです。意識とか心という問題は、やはりいくら今のＡＩが進んでも残りますので、その部分を考えることが研究としての面白さである、と思っています。

## 非線形システムと創発

**中島**　一つお伺いすると、合原先生がおっしゃっている創発は、システムに対しては非常に独特な出来事としてとらえられるわけですよね。

**合原**　というか、われわれにとってはそれは当たり前なんです。非線形なシステムでは。要するに、線形だと重ね合わせが成り立つので、要素の特性がわかれば、線形システムなら基本的に全体がわかるわけです。ところが非線形であると、そういう単純な重ね合わせが成り立たないので、つないでみないとわかりません。つまり、つないでみるまでは何が起きるかがわからないわけです。だから、創発の種がそこにあります。さらに、より複雑で大規模な非線形システムだと、よりわからないことが出てきます。それをとりあえず、そういう非線形システムは単純な部分の和を超えるというふうに表現しています。そういう形で、創発という概念を、数学的ではないんですけれども、大ざっぱに定義したわけです。非線形をやっている人は、みな実感があるので、けっこう納得できるんです。

**中島**　その非線形のモデルは、さっきご指摘いただいた三つですよね。それらは、時間、特に内的な時間であるとか、あるいは無意識であるとか、計算をはみ出るようなものとどういう関係があるのでしょうか。

**合原**　もっと単純なもので、電子回路の発振器なんかも非線形なんです。工学的にもいくらでもあるわけです。

**中島**　じゃあ、今おっしゃった三つにつなげる必要は全くないわけですね。

**合原**　最初は中島先生のアジェンダを受けて、その中で僕の専門に近い話をいま三つしたのですが、まだ第1段落が終わったところです（笑）。

**中島**　では第2段落をお願いします。

**合原**　中島先生は、先ほどのアジェンダの中で創発ということを述べています。そういう意味では、非線形システムでは、いわゆる言葉で定義した創発ということは、生じるのが当たり前である。つまり要素がわかっても、つないでみないとわからないからです。ただ、それだけだと、なかなか創発という概念が進歩しないので、いかに創発を定量化するかを、みんな議論し始めました。そのうちの一つで最近注目を浴びているのが、トノ

［注3］ーニという脳科学の研究者です。彼は意識の量みたいなものをΦ（ファイ）というインデックスで表現しようとしています。これはあまり複雑系とかを意識はしていないと思いますが、考え方は複雑系そのものの考え方です。

どういうことかというと、先ほどのように非線形な要素をつなぎます。そうすると、何か複雑なものができます。そのシステムが生み出す情報量みたいなものを計算する。それから、ある情報量を引きます。引く方は何かというと、ばらばらに部分に分けてしまう。そして、部分のおのおのが生み出す情報量の単なる和をつくります。それを引くと、つないで、システムをつくったことによって生み出された情報量が出てきますよね。それが大きいことが、意識の深さみたいなものと関係しているのではないかという、非常にプリミティブなアイデアで、定式化もまだまだじゃないかという感じはあるのですけれども、ただ、発想は面白いと思うんです。

たとえばそういう形で創発という概念を数学的にいかに定義していくか。今、その段階です。これまでは言葉でみんな言っていたのですけれども、それを定量化しようとする試みが始まっている。特にトノーニのΦをいかにリファインするかという研究は、かなりあちこちでやっていて、そういった研究はこれから4～5年でかなり進んでくると思います。そうすると、先ほどの複雑系の創発現象みたいなものを、ある意味定量化してみられる。そういう状況が最近の複雑系数理科学の状況です。

［注3］ジュリオ・トノーニ（Giulio Tononi）アメリカの精神科医、神経科学者。ウィスコンシン大学教授。著書に『意識はいつ生まれるのか――脳の謎に挑む統合情報理論』（マルチェッロ・マッスィミーニとの共著）がある。

## 意識をいかにとらえるか

**中島**　もしそれがある程度うまくいったとすると、たとえば心の語り方に関して何か新しい貢献というのはありそうですか？

**合原**　たとえば、人の脳とイルカの脳がどれぐらいΦが違うかとかがわかります。それから脳の部位でも、大脳から視床のループというのがあって、ここが意識に関して非常に大きな役割をはたしていると言われています。他方で、小脳というのは神経がやたらいっぱいあって、800億個ぐらいあるんですけど、そこはあまり意識に関係していないと言われています。それは小脳の腫瘍を手術で取っても意識はあまり影響を受けないとか、そういう症例があったりするからです。そうすると、脳のおのおのの部位のΦみたいなものを計算すると、意識との関係がかなり見えてくるのではないでしょうか。そういう定量的インデックスができるというのは、サイエンスとしては大きいんです。

**横山**　意識というのは、どこかに閾値があるんですか？

**合原**　そこのとらえ方は人によるんです。あると思っている人もいるし、それから、汎心論と言うんですけど、陽子や中性子にすら意識があると言っている人もいます。Φ自体は原理的に計算できますから、要するにものすごく単純なシステムでもΦは計算できるわけです。そうすると小さな値が出てくる。Φ自体は実数と思ってよくて、連続的に変化します。ただ、たとえば受精卵に意識があるかというと、僕はやっぱりないような気がします。つまり、受精卵でもΦはポジティブな値が出るはずなんですけれども、やっぱりそれは意識とは違うんじゃないかと。であれば、横山先生がおっしゃったみたいに閾値があって、どこかで不連続に意識が出てくるんじゃないかという気はしています。

それを調べる枠組みを僕は提案していて、五つの方向で攻めるべきだと思っています。つまり、意識のない状態と、意識のある状態があったときに、その間の変化を見ると、どこかで意識が芽生えるなら、その分岐点がターゲットになるはずなんです。われわれは毎晩、寝ている時に意識をいったんなくしていますよね。それで、起きると戻る。そうすると、一つは睡眠と、もしくは麻酔でもいいんですけれども、睡眠や麻酔と、覚醒した活動中の脳との間で、どこかで意識が芽生えているはずです。それが一つ目です。

それから二つ目は、これは進化の問題なんですけれども、単細胞生物が地球上に生まれたとして、その後、だんだん多細胞化をしていきます。今、われわれ人間は内的な意識を持っているとすると、進化のどこかの段階で意識が芽生えているはずなんです。そうすると、それは細胞数の増加と、それから先ほど言ったつながり具合、そういうものが分岐パラメータになって、どこかで意識が出てきているはずです。

三つ目は発生の問題で、受精卵に意識がないとすると、発生過程のどこかで意識が出てくることになります。赤ん坊に意識があるか。もし赤ん坊に意識があるとすれば、胎児のどこかで出てきているはずですし、そうでなくて、誕生後のどこかの時点で出てくるんだったら、そこが分岐点になるわけです。つまり発生や発達の問題をきちんと調べる。それが三つ目です。

四つ目は、脳死状態が人の死だと認めるとすると、意識はないですね。そうすると、脳死状態と健康な脳との間の部分です。たとえば植物状態や最小意識状態といった、いろんな状態があるんですけれども、そういう状態を調べることが、どこで意識が発生するかという問題に答えることになります。植物状態の患者さんの何割かは意識を持っていることが実験的にわかってきています。それが四つ目の調べ方です。

五つ目は、最近しょっちゅう聞かれているんですが、ＡＩとかロボットが意識を持てるかどうか、ということです。人工物を複雑にしていったときに意識を持てるかどうかということですね。われわれ工学者としては、そこに一番興味があるんですけれども、いきなりはわからないので、最初の四つのルートをきちんと調べることが重要かなと思っています。

## 共有できる心の定義はあるのか

**中島**　合原先生に、みなさんから質問はありますでしょうか。

**尾藤**　原点としてニュートン力学から入られたのですけれども、もう少しその前にデカルト[注4]や身体論といったものの中で、主体と客体を問題にすることによって心を第三者がわかる形で議論し始めたのがきっかけだったと思うんです。なぜそういうことができるようになったかというと、人類史的に書物が、ある程度一定の知識エリートといいますか、集団の中で共有できるようになって、集団の記憶というものが生まれたということ、単に心といっても自分一人が自分はこうだと思っていいということじゃなくて、他人がその人の心をある程度理解できるというようなことを考えるようになったのだと思います。そこに何か共訳性というか、相互理解が可能になっている文明史的な転換があったことが一つのポイントではないかと思うんです。

もう一つの時間軸の話は、ものすごく大事だと思います。僕はヴィトゲンシュタイン[注5]の考えに注目しているので、やはり時間軸というのは絶対だと思っています。生物学的には、一応、分子の世界から見ると、先に起きたことは必ず後に起きたことを規定しています。そうした物質的な基盤がある以上、脳とか心とか言っても変えられない時間軸で

［注4］ルネ・デカルト（René Descartes, 1596–1650）　フランスの哲学者、数学者。近世哲学の父とされる。解析幾何学の創始者でもある。主な著作に『方法序説』『省察』『哲学原理』などがある。

［注5］ルートヴィヒ・ヨーゼフ・ヨーハン・ヴィトゲンシュタイン（Ludwig Josef Johann Wittgenstein, 1889–1951）　オーストリア・ウィーン出身の哲学者。ケンブリッジ大学教授を務め、言語哲学、分析哲学に強い影響を与えた。主な著作に『論理哲学論考』『哲学探究』などがある。

あって、それを一つの原理原則としてわれわれは常に意識しておくべきだと思います。

そういう中で、じゃあどう攻めていくか。まさに合原先生がおっしゃったとおりにこれまで進んできたと思うんですけれども、ここ5年10年で何が変わったのか。私の専門の記憶の分子機構に即して言うと、少なくとも実験動物学的には記憶のデータベースを変えることができるようになってきた。記憶の操作とか、そういったことによる行動の表出というもの、あるいは表象と言ったほうがいいかもしれませんけれども、行動出力が変わるということが、現実的に、実験的に再現性良く調べることができるようになっている。そうすると、心の定義に関しても、人以外には心がないという文化人類学的な立場と、脳の仕組みは万物共通だという進化論的立場の間で、やはり何かしら定義をしなければいけない。そういうところでは、学問的に、踏み絵じゃないですけれども、何らかの立場をみんな持っています。

心ということを言った場合、共有できる心の定義はあるのか。つまり、実験科学者として踏み込んでしまって言うと、すでにデータが出ているんだよという部分と、それを心として定義しちゃっていいのかどうか迷う部分とがあります。先端の研究、特にメディカルな研究を視野に入れたマウス実験の場合、たとえば記憶を良くするとか、記憶の喪失を予防するとか、そういったデータが今どんどん研究事実として出始めてきています。それに対して、それは動物実験で、マウスには心はないんだけれども、そのデータのインパクトを信じるという立場を取るのかどうか。これはかなり本質的な問題で、これまでの哲学とか、人だけで閉じていた脳の世界から出て、実証性・客観性が高まったマウス実験の意義を学問的に議論しなければならないわけです。この10年20年、脳科学から派生した問題で議論すべきことがたくさん出てきているのですが、哲学の世界では、あまりそこまで踏み込んでいないと思うんです。

最初に中島先生がおっしゃった、今、何が問題で、どういうふうにそれをとらえていくかという、新しい常識というところを常識化しなくちゃいけない対象としては、そういうことがあるのではないかと思います。

## 「時間」と「量」の問題をどう考えるか

**中島** これは面白そうな論点ですね。小林先生はいかがでしょう。

**小林** 現時点での反応は、時間という問題をどう考えるかということ、それから量という問題、そのふたつが、合原さんの話からわたしが引き出すことでしょうかね。

ニュートン力学は、ある意味では「時間がない」とも言えますよね。時間の向きを変えても結果は同じだから、基本的には時間がない。つまり、そこでは時間はパラメータにすぎないものですね。しかし、今の尾藤さんの話もそうでしたが、心の問題を考えるときには、どうしても時間の問題を考えざるをえない。

だから、質問としては、このような時間の問題と、トノーニが言う「マイナスをしたときの量」というのが、どう絡むのでしょうかということかな。絡むのか、絡まないのか。それもまた「時間のない量」なのか。つまりニュートン力学的な量で、ほんとうはいかなる「生きている時間」にも触れていないものなのか。それとも触れようとしているのでしょうか。

**合原**　本来は絡みます。というのは、ある確率分布を決めるわけですから。これがまたやっかいで、時間も絡むし、何を状態変数に取るかにもよるわけです。そこがまた脳に関してはわかっていない。

**尾藤**　ある意味単純化して言うと、われわれの記憶の容量というのは限定されているわけです。それから時間も限定されている。起きている時間は限られていますので。そうすると、有限の経験の空間の中で、どういう情報を自分が生き延びるために貯蔵して、それを使うかということが問題です。そのときに、結論的にはほとんど捨てるわけです。必要なものしか覚えないし、必要なものしか理解しないという形でしか生物は生存できない。情報そのものよりも何が自分にとって大事かという、そういうノウハウをむしろ蓄積してきたわけです。それをアプリオリにどうやって獲得したのかというのはよくわかりません。しかしながら、系統発生からずっと連綿としてそういうことができるような仕組みに、少なくとも神経系はなっている。

生まれてから限られた時間で、たかだか100億か1,000億個の神経細胞を使って、無限に近いような情報を処理していると見えるんだけれども、実は自分が生存するために必要な情報だけを厳密にソートしてセレクトしていくわけです。そのときに大事なポイントは、何が正しいかということです。何が予測可能で、何が予測可能じゃないかという、そこを神経細胞はものすごく詳しく分けた。そこで、予測可能なものというのは、あまり面白くないというか、あまりエネルギーを使わないんですね。予測可能じゃないものが起きた時に、ものすごくそのたびにエネルギーを使って、その情報を理解したり、情報処理をしたりして、それを記憶として覚えようとしているというふうに、今の脳科学では思える。

そういった、非常にシンプルなパラダイムですべてが理解できるのかどうかはわかりません。創発ということが日常的に起きているというふうにおっしゃいましたけれども、常に不連続で新しいことが起きた、予測が必ずしもできないということを理解したときに、それをどう解釈するかを、脳は一つひとつのイベントとして見ていきます。そこは、コンピュータであらかじめプログラムが決まっていて、コードが決まっていて、あるいはすべてを規格化した情報として全部ＡＩみたいに読み込むという、そういう手続きとは全く違う手続きで、情報を取り扱っていると言えると思うんです。

**横山**　ＡＩは美しいと感じますか？

**合原**　今は感じないと思います。

**横山**　感じないですよね。いつまで経っても感じないだろうと思うんです。だから、ＡＩをずっと突き詰めていくと、できないことがすごく明確になってきて、その分野をどう扱うかという話になっていくのではないでしょうか。

**合原**　そこは僕もそう思っていて、脳とＡＩの隙間はずっと残るんじゃないかと思っています。そこの部分が、まさに人間がＡＩを使いこなしながらこれからやっていくことになると思います。

**横山**　その部分が明確になってくると、すごくテーマがはっきりしてくる。

**合原**　そうですね。だからＡＩはどんどん進歩してもらっていいんです。それで逆に、脳にしかできないことが浮き彫りになってくるので、僕はウェルカムだと思っています。

**横山**　そういうふうに捨てるべきものは捨てていきますよね。でも、こんな議論をしているというのは、捨てていいことのはずなんです、生存のためには。でも、そうじゃないんですよね？

**尾藤**　そうじゃないのは、これは多様性というか、自分の考え方と違うことを時たま取り入れていかないと、可能性が飽和しちゃうからです。

**横山**　それは生物学的プロセスとして何になるんですか？　飽和してしまったとしたら。

**尾藤**　それは、そういうランダム関数が脳の中にあるんです。だから１００％には絶対できない。必ず10％ぐらい、あえて予測と違うことをやってしまう。それが許されるような環境に自分はいなければいけないんですね。そのために仲間が必要なんです。

**合原**　神経細胞はものすごくひ弱でノイジーですから。そこがフォン・ノイマン［注6］の興味を引きました。彼は自分自身が明晰でしたから、何でこんな信頼性のない素子を集めて、こんな明晰な脳ができるんだというのがたぶん晩年考えていた問いなんです。

## 敏感なデカルト

**合原**　ちょっとだけコメントしておきたいのはデカルトのことです。デカルトは二元論の権化みたいに言われていますけれども、『方法序説』とかを読むとそうなんですが、必ずしも本当はそうではない。全然違いますよね。むしろほとんど一元論です。

僕も最初は二元論だと信じていたんですけれども、『情念論』とかを読むとまさに一元論だし、それから『人間論』なんかも、生前には公表していないですけれども、一元論ですよね。その点はかなり誤解されていて、デカルトに関して、ずっと気の毒だなと思っています。

**横山**　『方法序説』は逆説的に言ったんじゃないですか、シニカルに。

［注6］ジョン・フォン・ノイマン（John von Neumann, 1903-1957）　ハンガリー出身のアメリカの数学者。20世紀科学史における最重要人物の一人。自然科学から社会科学まで、さまざまな分野に強い影響を与えた。第二次世界大戦中の原子爆弾開発や、その後の核政策への関与でも知られる。主な著作に『ゲームの理論と経済行動』（オスカー・モルゲンシュテルンとの共著）、『量子力学の数学的基礎』『計算機と脳』などがある。

**合原**　そうです。それから、当時のいろんな時代背景とか宗教上の問題とかあるので、やむを得ないところはあったんだと思うんですけれども。

**尾藤**　彼は軍医としての役割もあって、人の生死を決めなきゃいけないというところで、人の心とか脳の価値を判断するということを人がしていいのかどうか、そういう葛藤があったと思うんです。

**小林**　デカルトですが、たしか『情念論』は最後の著作ですよね。デカルトも一枚岩ではないので、『方法序説』で打ち立てたコギト[注7]の論理ですべてが解決できたわけではなく、二枚看板で二重になっているというふうにわたしも思いますね。どっちが良い悪いというのではなくて。コギトの確立は、ある意味では一見すると非常に明晰な論理化でした。でも、そう考えてしまうと、それは必ずしも人間的じゃないのかもしれませんね。われわれが考える「身体を持った」人間の論理ではないかもしれない。もちろんいろいろな含みはあるのですけれど。あのコギトの確立というのは、わたしにとっても、実はずっと大問題でしたね。特にあの「cogito ergo sum」の「ergo」が何かということについて考えました。元々はラテン語の直訳の「je pense, donc je suis」ではない、「je pense, je suis」という表現もあって、そこでは「ergo（それゆえに）」という論理的な接続詞が入っていません。そういうことも含めて、「思う」と「存在する」この二つの命題の間の関係がどういうものなのか、考えたことがありました。いずれにしても、ergo は論理的な帰結を導く句

［注7］ラテン語で、「われ思う」という自己意識を意味する。

ではない、どちらかというと。むしろ現象学的で、「思う」ということと、その「(思う)わたしが、なんらかの仕方で、存在している」ということが同時的であるという明証を提出したと言うべきかもしれません。

いずれにしても、デカルトはその種のずれに対してきわめて敏感な人だったと思います。だから一元論か二元論かという議論を立てちゃうこともまずいかもしれない。

**合原**　あと、分子過程はニュートン力学で書けるんじゃないかとおっしゃるけど、まさにそのとおりで、われわれはそういう論文をいっぱい書いているんです。ところが、そこは書けるのに、なぜ時間という概念をわれわれがこういうふうに感じるかというギャップですよね。だから素過程まで戻るとニュートン力学で書けるにもかかわらず、また、ニューロンはホジキン・ハクスレイ方程式[注8]で書けるにもかかわらず、脳全体に関してそのまま外挿できないという。そこが何だろうという問題ですかね。

## 共有される経験値と言語

**中島**　では、次に尾藤先生のお話を伺いたいと思います。わたしはいくつかの質問をアジェンダに書いたのですが、単純化して言ってしまうと、偶然性の問題をいったいどのように先生はお考えになっているのかということと、今、デカルトが出てきたのでちょうど

[注8]　ホジキンとハクスレイ(注1を参照)は、イカの巨大軸索の活動電位を、$Na^+$チャネル、$K^+$チャネルの開閉をマクロスケールで実験的に測定し、開閉の非線形な動態を、微分方程式で表すことに成功した。これをHodgkin-Huxley方程式という。4つの変数で神経軸索の活動電位の発生と伝播を記述した。神経膜の動力学を数式で定量的に表すことができる点で、今でも高く評価されている。

いいなと思っているんですが、たとえば je pense といった場合、この je という singularity について伺いたいと思っています。特に後者は、今の意識を論じる議論の中で、どういうふうに「わたし」が位置付けられていくのかに関わっていると思います。もう一つ、尾藤先生は言語の発生の問題にも触れていらっしゃるので、どういう形で言語の発生を今日論じることができるのか。以上のなかなか難しい三つの問いにつきまして、一つひとつ、あるいはまとめてでもご教示いただければと思います。

**尾藤** 基本的には、人間が一つひとつ経験することとは、先ほどちょっと言ったように、新しいことこそ強く経験したと意識するので、ある意味ランダムで起きたこと、偶然に起きたことが、新しい経験のデータとなるわけです。それで、データを積み重ねて、毎日こういう時間に起きるということがわかったら、そこに規則性があるということがわかって、情報としては面白くなくなるという、そういうプロセスがあるわけです。

だから基本的に情報量を下げるという行為をどんどんしていかないと、限定された神経細胞では情報処理できないので、どんどん簡略化していくというか、情報量を下げていく方向に向かいます。しかし、それをやり過ぎると、基本的に予測したものを追認するということしかできなくなるので、そうすると新しい環境に適応できない。だから、やっぱりある程度エネルギー・コストをかけても、そういう偶然に対する応答ができるような仕組みを維持するやり方として、神経活動自身、ある程度ノイジーな、偶発的な活動を含めて対応できるようにシステムとしてなっているんじゃないか。それが結果的にエネルギー・コストが非常に低いレベルでのシステムになっているのではないかと思うわけです。もし１００％確定していれば、それは本当に今のスーパー・コンピュータの京みたいに、ものすごい量のエネルギーを使わないとデータの正確なプロセシングができなくなります。ところが、10％ぐらい間違えてもいいよというふうにしておけば、かなりいいかげんなことでも、たとえば規則性が正しければ、それは規則性があるというふうに認識できるし、そういう生存に必要な情報というのはバッチ処理していけるのではないかと思うんです。

**中島**　それは人間だけじゃなくて、動物に関しても同じということですよね。

**尾藤**　全部そうだと思います。同じです。あとは、先ほど言った後半の部分に関して言うと、言葉というか経験をどう共有するかということで、それはいろんな記号、シンボルを使うというところから始まって、そのシンボルには形のものもあれば、音を使うということも、いろんな生物種であるわけです。それをうまく使って共有すべき経験値が増えていって、それが言語に化したんじゃないかと、コンセプチュアルにはそう考えています。それがじゃあ具体的にどういう順番で、脳のどこを使ってその言葉ができてきたかというのは、今、非常に大きな問題です。

たとえば、鳥の脳のある箇所で「文法」ができつつあるなかで、その「文法」を変えると「歌い方」が変わるみたいなことを、現実に研究レベルでやっている人たちがいます。でも、それは鳥の歌だから本当に文法なのかということについては、いろんな議論があると思うんですけれども、そこは進化の実験を、われわれが本当に再現できるわけではないので、どこで言葉が出てきたかというのは、まだわかりません。

それでも、たとえば20世紀後半のフランスとか日本の口語の変遷を見ていますと、共有できることが常態化すると一気に変わります。要するに固定された言語が逆に必要なくなるのです。固定された文法とか共有可能性が必要なのは、これも文化論なので脳とは関係ないですけれども、ある集団が統率を取って行動しないと生存できないというようなときですね。つまり、昔の戦争のときには、上に立つ人がちゃんと理解しなきゃいけない。そういう場合に、文法とかそういう言葉が発達するんだと思います。

**横山**　そういうのは、シミュレーション・モデルはできないんでしょうか？

**尾藤**　できるんじゃないですか。そういうことをやっていた人はいると思いますけれども。言語学で戦争とかハザードとか、そういったことを。

**横山**　そういう形で言語が出来上がっていくシミュレーション・モデルですね。

**尾藤**　そうです。それはコミュニケーションがどういう形で広がっているのかのモデルです。日本の明治維新といった激動の時期も言葉が非常に発達を遂げたときで、上意下達がはっきりしないといけませんでした。そうしたときには、言葉は、一つの適応としてスタンダードなものを使おうとします。そうすると誤解が減るわけです。今は本当に平和ですから、何を言ったって何を言われたって別に困るわけではないので、みんなが言いたいことをいろんな形で言っていて、よくわからなくなったわけです。

**横山**　わたしが「新しい常識」と何で言っているかというと、いろいろな意味があるんだけれども、本当はニュー・リテラシーという意味なんです。読み書きそろばんだけの時代じゃないよと。微分方程式がわからないといけない。「もうそれは常識だろ？」という意味で「新しい常識」と言っているんです。だからリテラシーなんです。識字力。要するに字じゃない、文字でもないんだけど、識字力というものです。

**尾藤**　僕的に言うと、横山先生がおっしゃっていることは、集団との差異をどうやって認識して、自分の経験値を重ねていくときに使う手段をどうビルドアップするかということです。それは本当に文化史と言語、もしくはリテラシーの発達というのと、ものすごく鋭敏に密接につながっている。普通の神経科学とは全く関係ないかもしれませんけれども、文化の手段としてそういうふうに言葉というものが発達してきたんだと思います。

**中島**　さっきの合原先生への応答も含めて、尾藤先生のお話を伺っていて面白いなと思うのは、デカルトの問題ですね。デカルトの議論が可能になった条件として、書物というものが流通して、集団の記憶が共有されていったことが実は決定的なんだということをおっしゃった。その上で、今も言語に関してある種の共有という問題を出されていますよね。たとえばその中で、心はどう位置付くのでしょうか。ひょっとして心が、それぞれが個別にこうあるというよりは、今ここで集団的に共有されたものが心だという、そういうタイプの議論になりますか。

**尾藤**　僕はそれが一番記述可能な仕組みだと思います。われわれが納得する仕組みかどうかは、よくわかりませんが。

## 脳の議論から「わたし」を考える

**中島**　もしそうだとすると、おそらくそこから二つの議論が出てきます。一つは、je、「わたし」という、ある種の singularity をどう説明したらいいのかということ。もう一つは、最初に申し上げた、これってじゃあ、従来の神学が神という言葉の周りでやってきたことと何が違うんだろうかということです。

**尾藤**　それは難しい話で、神というのは、少なくとも僕が理解しているのは、誰かが与えてくれる、所与であって、他方で、je というのは自分の中から必然的に湧いてくるもので、それなしには語れない何かがあるということ以外の何物でもないんじゃないかと思うんです。ヘーゲル[注9]の議論を考えると、主人と奴隷の理論ということになって、自我は、根源的には自由、極限的な自由の立場にあるところから生まれるというのに納得がいく

［注9］ゲオルク・ヴィルヘルム・フリードリヒ・ヘーゲル（Georg Wilhelm Friedrich Hegel, 1770-1831）ドイツの哲学者。ドイツ観念論の完成者で、その弁証法は、マルクスにより弁証法的唯物論として批判的に継承された。主な著作に『精神現象学』『大論理学』『歴史哲学』などがある。

んです。そうじゃないと、上が支配するということで、神を押し付ければすむ話になる。だけど、それは脳とは関係ない。

**中島**　脳の議論から、どうやってjeという意識が出てくるという説明をされているんですか。

**尾藤**　それは、脳の議論としては、よくわからないと思います。つまり、脳科学の議論というのは、実験動物で再現できるかどうかということなので、何かの実験課題を提供して、マウスが一匹一匹、わたしはこれだという個性を主張するようなそういう実験系ができればいいんですけれども、個性をつくり出すというのは、実験動物の遺伝子背景をなるべく均一化していますので、なかなか難しい。

**横山**　ガザニガ[注10]の『〈わたし〉はどこにあるのか』（邦訳、紀伊國屋書店、２０１４年）というのがありますよね。さっきの内的な時間というのは行ったり来たりできると。要するに、先に手を出しているのに、自分が意志を持ってやったというふうに脳は調整してしまうわけです。だから、時間は一方向に流れていないかもしれない。少なくとも脳の「わたし」というところに関しては。

**尾藤**　主観的にはそうなんですけれども、ヒトの脳のシグナルを測ると、確実にある行動が起こる7秒ぐらい前に、その行動を規定するシグナルというのが必ず見つかります。7秒かけて、それが自分の行動の予測にたがわず、やっていいことかどうかということを

［注10］マイケル・S・ガザニガ（Michael S. Gazzaniga, 1939-）アメリカの心理学者。カリフォルニア大学サンタバーバラ校心理学教授。認知神経科学分野の代表的な研究者の一人。主な著作に『脳のなかの倫理――脳倫理学序説』『人間とはなにか――脳が明かす「人間らしさ」の起源』『〈わたし〉はどこにあるのか――ガザニガ脳科学講義』などがある。

無意識に確認して、それで7秒後に意識下で行動するというふうになっているんです。

**横山**　それを、自分の意志だと思うわけですね。

**尾藤**　そうです。それはヒトの脳のシグナルが意志の基盤だというふうに言ってしまえばすむ話なんですけれども、植物状態とかでそういう行為ができなくなっても、意識があるという議論もあります。つまり、植物状態でもいろんな分別はできるけれども、行為をするという意識はもうないという、そういうレベルがあるんです。だから、誰かがいるとか、しゃべっているとか、この人はいつも食べ物をくれるとか、そういうことは、どう考えても理解しているとしか思えない脳のシグナルが出ている。だけど、その情報を使って自分が発信しようとか、そういったことは起きない。そういう意味では、通常の意識としていうのはたぶん、普通は両方向性なので、その意味ではいろんなタイプがあって、実際の計測に落とすと必ずしも単純化できないという側面はあります。

何を言いたいかというと、そういうヒトの意識のデータが取れてしまうというのが今の時代なので、そこを使って、たとえば医療とか政策的な心の治療とか、そういったことを決めようという、経済的な、あるいはいろんな政策的なアジェンダが出てくるかもしれない。だけど、それが本当に心なのかどうかよくわからないまま、そういうデータがもうあるから意志決定に使いましょうという議論になりかねないのです。あるいは、データが取れてしまうからやりましょうというふうになるかもしれない。ここが、実は倫理的には一番問題だと思うんです。理解可能なことにしか人間は答えを見つけられないので、ほとんどの人が理解しなければ解決しようがないんだけれども、でもその一方で、十分な理解に達していなくても「心」のデータを信じ切って一般的にお金を使うとか使わないという決め方を、今は誰もがしてしまう。

**横山**　だから、そういうことの判断ができるリテラシーが重要です。

**尾藤**　そうです。だからそういうこともあって、僕はそういうことに焦点を絞って、講義では、あまり他では人がなさらないような題材をあえて引っ張ってきて、多少無理をしていることを意識しながら、そういう問題があるんだよということを提起しなきゃいけないと思っているんです。

**横山**　定義することと、定義できて、それが判断できるようになるかということですね。

**尾藤**　そうなんです。それが心の問題の、今、まさにそこにある危機だと思うものです。

## 一定の近似でうまくいく

**中島**　面白かったのは、尾藤先生がヘーゲルのことをお話しになられた点です。ヘーゲルの議論の中で、他者の問題は決定的です。主人と奴隷の弁証法は、その中の一つの非常に典型的な、というよりもむしろ極端な形だと思いますが、この場合でも、他の心が必ず問題になるわけですね。

**尾藤**　そうです。

**中島**　このことは、現代の哲学でも同様に悩むわけです。他の心とわたしの心の関係はどうなっているのかと。そのあたりは、今、尾藤先生の領域では、どういう議論になっているんですか。

**尾藤**　僕は基本的にライプニッツ［注11］のモナド論以上のことはないんじゃないかというふうに思っています。われわれは微分積分のニュートン力学の世界に生きているわけで、その条件の中で本当のことはよくわからないというのは、それはそうだろうと。だから、あくまでインプロビゼーションというか、実利的に、こうやったらお互いが生き延びられるというところで、かろうじて共有している経験知をみんなが持っているから何となくできている。ロジカルには、お互い殺し合うという、そういうオプションだってあり得ると思いますが、そういうことをせずに「まあ、みんなで生きようよ」という了解を少なくとも人はしたというところがあるんじゃないかと思います。そこは本当に脳に何かそういう基盤があるというよりも、対面での1対1での相互作用というのが、結局、先ほどデカルトの話が出ましたけれども、それ以降、あまり進んでいないんじゃないかという気はします。

**中島**　そこがとっても疑問なんです。ライプニッツにしてもデカルトにしても、やっぱり

［注11］ゴットフリート・ヴィルヘルム・ライプニッツ（Gottfried Wilhelm Leibniz, 1646-1716）ドイツの哲学者、数学者。近世の大陸合理主義を代表する哲学者。法学・神学・力学・論理学など多分野にわたり業績をあげ、外交官・技術家としても活躍した。哲学では、モナド論・予定調和の説を展開。数学では、ニュートンとは独立に微積分法を発見、微積分記号を考案し、論理計算を創始。主な著作に『モナドロジー』『形而上学叙説』『人間知性新論』『中国自然神学論』などがある。

神の影がずっとあるわけじゃないですか。ライプニッツの場合、可能世界論というのがあって、でもやっぱり神がこの世界を最善のものとして選んだんだと言っています。そういうことを持ち込まないと、あの仕組みは維持できないわけですよね。

**尾藤**　厳密に言えばそうですけれども、たぶん、近代の、現代のすごいところは、厳密じゃなくても生きていけるということを覚えちゃった。そうですよね、横山先生。

**横山**　そうです。

**尾藤**　それがエンジニアリングの勃興の最たるもので、一定の近似ですんじゃう。

**横山**　「こうなるんだよ。わかんないけど」と。

**尾藤**　そう。「解けちゃうんだよ」とね。これはやっぱり、ものすごく人類の知恵だと思います。

**中島**　なるほど。じゃあ、神みたいなものを持ち出さなくてもすむようになるわけですね。

**尾藤**　すむ場合が多い。

**横山**　そう。よほどのものしか持ち出さなくなっちゃっている。

**合原**　小林先生のお話に行く前にちょっと質問したいことがあります。まず、決定論と確率論、必然と偶然の部分なんですけれども、われわれはカオスの研究をしてきているので、それらは概念として非常に自然に理解ができるわけです。カオスというのは、決定論と確率論の境目にある現象なので、あの現象から学ぶことは、たぶん、脳に関しても多いかなと思います。実際、神経細胞とか脳でもカオスが見つかってきています。カオスが脳の中にあるわけです。そうすると、自然な形で決定論と確率論の垣根を超えるようなからくりが脳の中にあるというのが一つです。

それから二つ目として、尾藤先生のおっしゃった、間違ってはいけないということをやると京みたいになると。それで、電力がものすごくかかる。まさにそうなんです。われわれは、今、何をやっているかというと、間違ってもいいような脳みたいなニューロチップがつくれるんじゃないかという研究です。要するにニューロンみたいなものを電子回路で、特にアナログ特性を使ってつくると、超低消費電力で動きます。今、われわれが設計した中で一番低いものは、1ニューロンが3ナノワットです。そうすると人間の脳のニューロン数が約1,000億と言われているので、1,000億つくっても300ワットです。電球数個分の電力で動くんです。ところが、京でもそれをソフトで書こうと思えば書けると思うんですけれども、一つの町ぐらいの電力がかかるわけです。今、企業と一緒につくっているものは、エッジ側と言うんですけれども、センサーに近い側とか、IoTとか、そっち側に関しては、たぶんそういうチップをつくって大量に埋め込むと、非常に高度なシステムをつくることができます。

**横山**　それは生物に近づくんじゃないですか、パーフェクトじゃないけれども、ほぼパーフェクト。ほぼパーフェクトだけれどパーフェクトじゃないという。

**合原**　そうです。集積回路でつくれるので、いっぱいつくろうかなと思っているんです。それから、言語の話。言語も、それからエピソード記憶もそうなんですけれども、基本的には時系列です。時系列をどう生成して、それをどう理解するかという話なので、ニューラルネットの世界で言うとリカレント・ニューラルネットといって、ネットワークの出力がフィードバックして戻ってくるということになります。そこで情報が回ることによって系列がつくれるんです。エピソード記憶に関しては、海馬のCA3にその典型的な構造があって、それでエピソード記憶との関連をかなり深く議論できている。だから言語とかにも、たぶん、リカレント結合が必ずどこかにあるはずで、それがキーになっているという感じがします。

## 柔らかなカオス

**中島**　フットノートのような形で合原先生に伺いたいのです。ある種の神秘思想は必ずそうなんですが、いったんカオス化という作業を必ず組み込むわけです。言語をカオスというものに一回持っていって、そこからもう一回組み立てるということを組み込んでいる。合原先生が今おっしゃった、実はカオスの問題が決定論と確率論の間で脳に組み込まれているということを踏まえると、そのカオス化という作業が、それを神秘と言うかどうかは別にして、人間が、今ある定量的なシステムから外れていける、何かそういう通路になっているわけですよね。

**合原**　そうですね。カオスには軌道不安定性とかバタフライ効果があるので、ちょっとした違いを拡大するという性質が一つあります。それからもう一つは、状態空間の割と広い分野をカバーするんです、そのアトラクターの中で。だから、いったん広い世界に落としておいて、かつ、決定論的な部分を持っているので、それを縮めていくということが、ある程度制御できるんです。そういう意味で使いやすいものなんです。一度固定化したものをカオスの世界で広げる。実はカオスが1個あると、可算無限個の周期解と、それから非可算無限個、つまり自然数と対応ができないぐらいいっぱいある非周期解が共存しているんです（可算無限個というのは、1、2、3、4……と自然数と対応が付く無限です）。でも、簡単に電子回路でもつくれちゃうわけです。

だから、そういうとても複雑な無限構造を持っているので、そういうものの世界にいったん落とすと、そこにものすごく大きな広がりがあるわけです。非可算無限まで含めた無限の可能性があるので、それで広げておいて、それを縮めていくというのは、非常にうまいやり方なんです。

**横山**　縮めていくんですか、取り出すんですか？

**合原**　カオス制御という概念があって、それは可算無限個の中のどれでもいいから、性能のいい周期解を選びなさいと。それで、エルゴード性[注12]という性質があって、カオスは待っているとその近くに軌道が近づいてくるんです。待って、来たら、そこでピン留めして、その解に収束させることができる。これはオットとグレボジとヨーク[注13]というアメリカの研究者がネイチャーに論文を書いて、すごくはやった方法なんですけれども、カオスの制御もできるんです。

**中島**　その場合、やはりわれわれがずっと抱えているのが時間の問題だと思うんですけれども、今、先生がおっしゃった仕組みの中で、時間性というのはどういうふうに効いてくるんですか?

**合原**　普通のエルゴード性で特定のターゲットに近づくのを待っていると、とても長い時間がかかります。いろんなところを、いろんな周期解の近くを回ってくるので。他方で、ターゲティングという手法があって、目標に近づけるための弱い入力を入れる。カオスというのは、柔らかなんです。安定なリミットサイクルというのは周期解なんですけれども、これは本当に閉軌道をぐるぐる回っている。でもこれを動かすのは大変なんです。ところがカオスは、さっき言ったみたいに、可算無限個の不安定周期解と非可算無限個の非周期解の束なので、その中で非常に簡単に動かせるんです。それで、ターゲットに持ってくるというのは、割と簡単にできる。

[注12] 統計力学において、時間平均を位相平均で置き換えるための仮説をエルゴード仮説（ergodic hypothesis）という。十分長い時間の間に系はあらゆる状態を同じように経験するという仮説。このエルゴード仮説を満たす性質をエルゴード性という。

[注13] エドワード・オット（Edward Ott, 1941-）アメリカの物理学者。メリーランド大学教授。セルソ・グレボジ（Celso Grebogi, 1941-）ブラジル人の物理学者。アバディーン大学教授。ジェイムズ・ヨーク（James E. Yorke, 1941-）アメリカの数学者・物理学者。メリーランド大学教授。

**横山**　それは制御と呼ぶんですか？

**合原**　呼んでいます。

**尾藤**　いま、一つさりげなくおっしゃっていましたけれども、解というのが最適解でなくてもいいというのがポイントなんですね。準最適解で全然問題がないというのが。

**合原**　生き物はそうですよね。

**尾藤**　そうです。特に神経系の場合は一番のポイントです。タイムビンと言いますけれども、どの時間の分割でも、その中で解答をとにかく決めてしまえということがとりあえずできちゃうんです。

**中島**　quasi な部分、それが大事なんですね。

**尾藤**　というか、答えが出ちゃうから。それで近似性が低いとエンジニアとしては失格かもしれないけれども、とりあえず生きていくためにはＯＫであればいいんじゃない、ということです。

**合原**　さっきのまああの計算でいいのと、よく似ていますよね。ただ、数理的な面では、やっぱり本当にいい解を見つけたいというのは、われわれは常に思っています。今、われわれはコヒーレントイジングマシンをつくっているんですが、これは膨大な可能性の中から最適解を見つけることを目指す専用マシーンなんです。実際は常に見つかるわけではないですが。

**横山**　それは人間の美意識で、生物はそんなことはやらない。
**合原**　生物はやらないですよね。工学的にも別に最適でなくても、まああいい解が、短時間で見つかれば応用上はそれでいいんですけれども、ただ、無理を承知で一応こだわってみたいのです。
**横山**　美意識ね。
**合原**　そうです、美意識。

## 心の語り方と無限

**中島**　もう一つ、これもフットノートなんですけれども、無限ということをおっしゃったじゃないですか。デカルトは無限の神という概念で考えたというふうに言われています。神を無限としてとらえるというのは、ものすごく大胆なことです。もちろん、神学の中で神というのは人間をはるかに超えているから、そもそも手の届かないものなんですけれども、それを無限という形で表象していくことをやる。無限というのをどう語るかというのは、案外面白いじゃないですか。
**合原**　面白いですね。
**中島**　それと、心の語り方というのには何か連関性があると思うんですけれども、合原先生、そのあたりはいかがでしょうか。

**合原**　無限を1、2、3、4と数えていくと、とどかなくて、神様になっちゃうので、数学はそれをいかに簡約に表現するかということをずっとやってきたわけです。たとえば$\boldsymbol{N}$という記号で自然数全体を表すとか、そういうことをずっとやってきた。集合論なんかにもそこが色濃く出ていて、カントール[注14]なんかがそうです。カントールの三進集合という、すごく面白い集合があります。

長さ1の線分があります。3等分にします。それで、真ん中の3分の1を両端の点を残して取ります。そうすると長さ3分の1と3分の1の線分が残ります。今度はこれらを再び3等分して、また真ん中を取るんです。そうすると、3分の1の二乗の線分が4個出てきます。それで、これを無限回やった後を想像しなさいと。そうすると、残った点の長さを計算すると0になるんです。0なので、本当にスカスカなんです。スカスカなのに、元の0と1の間にあった実数と1対1対応がつくんです。これは若い学生にとって、ものすごいインパクトなんですけれども、つまり実数と同じ濃度の無限になっているのです。

**中島**　カントールの議論は濃度ですよね。

**合原**　濃度です。だからそういう過程を経て、数学というのは無限をいかに取り扱うかという、そこを克服してきています。だから数学者は、今は無限なんて全然怖くないと思

[注14] ゲオルク・フェルディナント・ルートヴィッヒ・フィリップ・カントール（Georg Ferdinand Ludwig Philipp Cantor, 1845–1918）ドイツで活躍した数学者。素朴集合論の確立者。

います。われわれ、数理工学者はちょっと怖いけど（笑）。それが脳とどう関係するかというところは、どうなんですかね。

ある意味では、時間の圧縮ということにはなるんですね。今の操作も、全部やっていけば本当に無限の時間がかかるわけです。でも、山口昌哉[注15]先生が心の眼ということをおっしゃっていたのですが、心の眼で見ると、最後まで一気に飛べるじゃないかと。それによって時間を圧縮して、コンセプトとして脳の中で理解できるという、そういうことでしょうか。

だから、個々のプロシージャーを具体的に最初ちょっと考えると、脳というのは、それを無限回繰り返した最後のものというのを想像できるわけです。そこが一気に時間が飛べるところ。時間の問題とも関連します。無限回を繰り返した後に残ったものが簡単に理解できます。

［注15］山口昌哉（やまぐちまさや、1925-1998）日本の数学者。専門は非線型数学。数学の力学系理論分野におけるカオス・フラクタル研究の先駆者。

## 挑発される哲学的思考

**中島**　では、次に小林先生からお話をお願いいたします。

**小林**　この時代、人文科学というか哲学というか、われわれの人間理解が自然科学の方からすさまじい挑発を受けていますね。自然科学はある意味ではデカルト、ライプニッツから始まったわけですから、そのときは、自然科学と哲学とは区別されていなかったのに、いつの間にか自然科学がすさまじく進歩して、数学までも進歩して、今や人間のコギトとか意識とか心というものまで、脳から出発して、計算を通して、理解できるのじゃないか、というところまできたわけです。ライプニッツもデカルトも、脳を研究していたわけじゃないのですが、いまでは、きわめて唯物主義的に、人間の精神も心もすべて脳という情報システムを精査すればわかるだろうと。つまり下から、物質的基盤、情報的基盤から出発して、「心」という上位がわかるはずだというアプローチです。哲学的思考は、このような挑発を強く受けている。これに答えようとするのが、思考の責任だと思いますね。

　最近、ジム・アル＝カリーリ／ジョンジョー・マクファデン[注16]の『量子力学で生命の謎を解く』（邦訳、SBクリエイティブ、2015年）という本を読んでいたら、単なる比喩ですけど面白いことが書いてあった。それは、道ばたにラジオが落ちていた。ラジオを知らない人がそれを分解し、細かく分析してみたら、音が、つまり放送が、聞こえてくるかというと、聞こえてこない。電波が来なければラジオはラジオにならないので、電気回路をどれほど細かく説明することができても、電波が入ってこない限りラジオはラジオにならない。そういうことに近いかもしれないということを、生物の領域で量子力学的なアプローチをしている人たち自身が書いているわけです。比喩がとてもわかりやすい

[注16] ジム・アル＝カリーリ（Jim Al-Khalili, 1962- ）は、イギリス・サリー大学の理論物理学教授。原子核物理学と並行して量子生物学の研究を行っている。主な著作に『物理パラドックスを解く』『見て楽しむ量子物理学の世界』などがある。ジョンジョー・マクファデン（Johnjoe McFadden, 1956- ）は、イギリス・サリー大学の分子生物学教授。遺伝病や感染症の研究を経て、現在は病原微生物の遺伝の研究と共に、量子生物学やシステム生物学の研究を行っている。主な著作に『量子進化――脳と進化の謎を量子力学が解く！』などがある。

と思いました。

基本的には、われわれ人文系の思考は、そういう立場を取らざるを得ないだろうと思いますね。正しいとか正しくないとかではなくて、フィロソフィアの立場からは、――中島さんがしきりに「神」という言葉を持ち出すのもそうだと思いますが――どうしても「いやあ、みなさんは一生懸命システムや電気回路を勉強していらっしゃいますけど、それだけでは心は聞こえてきませんよ、なにしろ心は目に見えない電波なんですから」という感じで答えるしかないという立場を取らないわけにはいかないように思いますね。われわれも一緒に電気回路をハンダごてで分解してみましょうという方向にはいかない。われわれの立場は、「ラジオをいくら調べても、ラジオそのものからは音は聞こえてきません」という立場に立って、それで何が起こるかを試してみるしかない。

ただし、いまの時代、ラジオの回路がどのぐらい精密に解明されているかを踏まえなくてはならない。そしてそこでは、「計算」ということが非常に重要なポイントだと思うんです。すべては、データ、情報、それらの計算によって説明可能になるということ。しかも、いまその情報を制御し統御する文法というか方程式というか、それが線形的な一意的決定性を持ったものだけではなくて、非線形的なものも入り、確率論も入り、決定論ではないようなさまざまな方程式が導入されている。一方には、無限の情報の回路の解明があり、他方では全く新しい、非決定論的な、非ニュートン的ですらある文法があって、両者がドッキングされていく。すると、カオス、複雑系、創発と、ありとあらゆる非決定論的、非線形的法則や分布が試されていて、最終的には、唯物論的に下から上が、装置から「放送」がどのように可能になるかが、説明できるはずというのが基本的な方向ですね。

わたし自身は、これらを非常にセンセーショナルなものとして、面白く見ているのだけれども、それに対しては、最終的には、先ほどから中島さんが執拗に提起している意識という問題に戻ってきてしまうように思います。もし心が意識だと仮定したら、意識が持っている絶対的内在性、それをどのように受けとめるかですね。つまり、ラジオが聞こえるのは、「わたし」だけだ、ということ。誰にでもわかる外側からのアプローチに止まっているかぎりは、それは、「わたし」という「放送」ではなく、単なる電気の回路にすぎないのではないか、ということですね。電気回路の中には、それがどれほど複雑であろうが、「わたし」は住んでいないのではないか、ということ。そして、逆に、もしそのような絶対的な「わたし」こそ、意識の本質だとすると、それは、ラジオにとっての電波のようなもので、そうなれば、——中島さんが言おうとしていることを先取りして言えば——そんな「わたし」って「神」とどこが違うんですか、という話に当然なっていく。つまり、とても不思議なことに、これだけ唯物論的に攻められた結果として、われわれはもう一回、唯心論的というか、神学的構築をしなくちゃならないはめに迫られているように思えますね。

**中島**　まさに、そうなんです。

**小林**　それが、今の人文系の思考にとっては、面白いところでもあるし、困惑しているところでもありますね。

**尾藤**　それは、わたしも全くそうだと思うのです。というのは、たとえば、変な話ですけれども、親が自分の子どもの脳の機能をどうするかみたいなことを、今後、日常的とは言わないけれども、自分で決めなきゃいけないというシチュエーションが、一定の確率で起こってくるわけです。結論を出すためには、ある程度、そのロジック、ボトムアップのロジックがわかっていても、「決めなきゃいけない」という、みんなある種の今日的な制限条件の中で、まさに神の行為を一人ひとりが決めなきゃいけないという問題が生じて、それを短期的に決めるためには、「えい！」と言って。

**小林**　神がサイコロを振るというわけですね。

**尾藤**　そうです。そういう形で信じるしかない。

**小林**　でもパスカルは、神はサイコロを振らないと言っているかな。

**尾藤**　というところに、やっぱり行き着いているということの矛盾。それが、ちょっと話は飛びますけれども、社会心理のいろんな病態というか、そういったものを生んでいる根本だというふうに、わたしは思います。

**小林**　わたしの立場は、そこである種の神学的ジャンプをやるべきだというものです。それを引き受けてみようという気持ちをちょっと持っている。

**尾藤**　それがたぶん、リテラシーということだと思います。

**小林**　ええ、リテラシーですね。そうでないと、ここから先の未来、人間にとって説得力のある、広い意味でのモラルみたいなものが解明できないんじゃないか。だから、どうしてもそれをやらなければならない。が、われわれは言葉の中で、言葉を通して考えている以上、どうしてもある種の神学的ジャンプにならざるをえないのではないか。それは、横山さんが提起している美の問題とも非常に強くリンクしていますね。それは何かというと、想像力です。結論を先に言うなら、そこに見えてくるものは想像力という方向になると思います。

## ループ的構造

**横山**　論理学というのは、ギリシャ時代からあるわけです。数学は進化する、やっぱり変わっていきますよね。ところが、論理学というのは、進歩とか進化という概念と関係ないわけですよね。いつも基本的に同じでしょう。論理学というのは、何かの進化をしてきていて、今のようなテーマを扱えるようになっているのでしょうか？

**小林**　論理学も20世紀の後半に入ると時間論理学とか様相論理学とか、いろいろな論理学がたくさん出てきましたけれど、わたしの感覚では、むしろ数学という論理の極限におけるセリーの問題が面白いなあ、と思います。なぜ数学が論理の極限に行き着いたかと言えば、それは、数学こそまさに「数」以外にはいかなる現実的な事象もない、そういう言葉ではない「数」に還元して組み立てられた純粋論理だからですよね。そうした純粋論理が、無限を扱った途端に、論理そのものが破綻するというか、ゲーデルの不完全性定理〔注17〕でもいいんですけれども、この論理構築そのものが論理的にディコンストラクション（脱構築）されてしまうということがわかったわけですよね。それはとても大きな発見だったと思います。論理的に世界を構築することがある種のカオスというか、破綻なしには成立しないという。でも、その破綻は何によって起きたかというと、ループによって起きたんですよね。わたしはよくわかっていないのですけれど、不完全性定理では、不完全性になる理由はループなわけじゃないですか。つまり、リカレントな構造だ。自己言及的な構造を論理にぶち込んだ瞬間に、集合論において、論理的な構築が矛盾にぶちあたってしまう。

そうなると、そこに自己意識というか、あくまでも「わたし」という自己言及性そのものであるような自己意識という問題となにかリンクが可能なのではないか、と直観するわけです。自己意識とは何かというと、どう考えてもループですから、それが、数学的論

〔注17〕１９３０年頃にクルト・ゲーデル（Kurt Gödel）によって発表された定理。第一不完全性定理は、「数学を矛盾なくどのように形式化しても、証明も反証もできない命題が存在する」というもの。第二不完全性定理は、「どのような形式的体系も、その体系自身が矛盾していないことを証明できない」というもの。

理学が行き着いたところとつながってきているような、非常にスリリングな状況になっていると思うのですね。つまり、究極的には、「わたし」というものが、ディコンストラクションとしてある、論理の不可能性そのものとしてあるという方向かしら。これが今のわれわれの状況ではないでしょうか。

数学と意識とその二つのまったく異なる領域のあいだを、ある意味では、情報によってつなぐというか、橋渡しができるかどうか、そこに現代のもっとも尖った知の先端があるように思います。同じようなループ構造とディコンストラクションがあるのだから、それらが重なるのか重ならないのか、それが、今、とてもスリリングな問いとしてあると思いますね。

**合原**　不完全性定理は、脳の問題として考えたときに何になりますか?

**小林**　全然見当違いで間違えているかもしれないのですけれども、不完全性定理が言わんとしていること、示唆していることを、なんとか時間を説明しているという方向に読みたいわけです。つまりニュートン的な一方向的な時間とは違う、もう一つのリカレントな構図を常に含んでいるような時間、創発的な時間を考えざるを得ないんじゃないかという方向に、形而上学が行こうとするわけです。

**合原**　チューリング・マシンの停止性問題を思えば、非常に近い話になりますね。まさに時間の問題になります。

**小林**　今、時間というものは何かということをもう一度、根本的に考え直すべき時が来ていて、そうなると、当然ながら、量子力学的な不確定性原理みたいなこともここに絡んでくる。たとえば、ペンローズ[注18]みたいな人が意識を説明するために、わざわざ脳細胞の中の微小管の図式を考えて、そこに量子力学を重ねることまでやったりした。

**合原**　あれは駄目だったんですけど、そこからちょっと進歩しています。マシュー・フィッシャー[注19]の論文のように、量子力学と脳に関して面白い議論が出てきています。

**小林**　ビッグバンが起きたとして、その時点からこの宇宙では、時間が一方向的に流れ始めるわけですよね。これはエントロピーですよね。エントロピーが増大していくというのは一方向性の規則で、なおかつこれは、奇妙なことに、プランク定数[注20]という不連続性の値をとりますよね。わたしは素人なりに、それを非常にポエティックな想像力で考えてしまうのですが、量子力学的世界というのは、なんとなく時間以前の世界という感じがするんです。つまり、時間があって何かが生まれるんじゃなくて、時間そのものが生まれるという…。

**中島**　時間未生の世界ですね。

**小林**　そう、時間未生の世界みたいなもの、時間も空間もないところから、時間や空間が生まれるという方向に、今の自然科学の最先端の理論は行きつつあるのではないか。でも、奇妙なことに、そのような構造というか、出来事のあり方は、さっきのゲーデルと意

[注18] ロジャー・ペンローズ（Sir Roger Penrose, 1931–）イギリスの数学者、宇宙物理学・理論物理学者。オックスフォード大学教授。主な著作に『皇帝の新しい心——コンピュータ・心・物理法則』などがある。

[注19] マシュー・フィッシャー（Matthew P.A. Fisher, 1960–）アメリカの理論物理学者。カリフォルニア大学サンタバーバラ校教授。

[注20] プランク定数（Planck constant）　光子の持つエネルギーと振動数の比例関係を表す比例定数のことで、量子論を特徴付ける物理定数。量子力学の創始者の1人であるマックス・プランクにちなんで命名された。

識の問題じゃないけれども、実はわれわれの意識の構造みたいなものとどこかでつながるのではないか。だから極言すれば、「われわれは、毎瞬間に、じつは時間をつくっているんだよ」といきたいんですよね。

**尾藤**　それはそうだと思う。わたしは記憶のメカニズムを研究していますけれども、記憶というのは、何かいったん覚えたものが安定的に残っているというイメージが、つい最近まであったんですけれども、今は絶えず書き換えている、上書きしていると考えているんですね。上書きしているので、何が本当に最初だったかということは、もう忘れちゃっている。そうしないと十分な情報量を確保できないし、後になってから、あれは必要ないということがわかったら、もう必要ないので切り捨てるべきなんです。

**中島**　まさにそれはデカルトの連続的創造と同じ構造じゃないですか。

**小林**　連続的創造ですね。だから、連続的創造という概念を世界に当てはめるのではなく、われわれが連続的創造であるという方向に考える。

**尾藤**　そのときに、本当に je とは何かというのは、昨日の je と今日の je と明日の je というのは全然違うという、その根本になっている記憶の中身は違うとかという話になってきて、生物学的に定義するのがけっこう難しくなってくるんです。

**中島**　今の小林先生の議論というのは、わたしには非常によくわかるところがある。さらに加えて伺いたいのは、デカルトが『情念論』を書いて、やっぱりある種の感情の問題を論じます。これがたぶん、わたしは本当の主戦場だろうという気がしているんです。

**小林** そのとおりです。

**中島** この後で、小林先生は、いずれ感情のことに議論を移されるだろうと思っているのですが、今の議論の中で、感情という役割はどんな感じで効いてくるものになりますか？

**小林** 感情というのは、ある意味では、時間が止まっているじゃないですか。時間が過ぎていかない状態みたいな感じというかな。

**中島** とどまっている？

**小林** とどまっている。時間がとどまるというのはおかしい言い方だけれども、たとえばトラウマ（外傷体験）はそうでしょう？ 情念というのはすべてある種のトラウマかもしれませんよね。「感情って全部トラウマでしょう」と言ってしまったときに、さっき合原先生がおっしゃったような意味での無意識というより、20世紀の哲学というか精神分析が言い出したみたいな、意識の下に膨大な無意識があって、その無意識においては、ある意味では常に時間がずっとループし続けているみたいなことかな。

**中島** サブコンシャスネス。

**小林** ええ、そういう無限のループの構造みたいなものが、実は奇妙なことに、脳の中にあると言えるのかもしれない。いま、脳の方から、そうした「心」が説明できるのかもしれない。少なくともサブコンシャスネスの方は脳で説明ができるのかなと思いますね。

情念的なものの方にこそ、むしろ脳の1、000億のニューロンの間のループ的構造が根づいているのかもしれない。それは、ニュートン的な時間の海面下にあって、つねに無数の渦がぐるぐると流れ渦巻いているようなイメージですけれどね。脳というのは、そうした深層を抱えた「海」なのだ、と。

## 多体問題と意識・心

**横山**　宇宙がビッグバンで始まって、エントロピーが増大する。でも生命って違いますよね。なぜエントロピーの増大という宇宙の仕組みの中で、エントロピーの増大でない生命でこういう議論をしているのか。

**合原**　それは局所的な揺らぎです。エネルギーや物質の流れがあれば、局所的にはエントロピーが減少するようなことが起きるわけです。宇宙全体としてはエントロピーが増大しているんですけれども、局所的にいろんな揺らぎがある。

**横山**　生命は揺らぎの一つだと。

**合原**　そうだと思います。

**尾藤**　それに絡めて言うと、今のところ快・不快ということしか実験的にはわからないんですけれども、それが情念とどう関係があるかはまた別の問題です。快・不快の中でエントロピーを下げるような方向に行くというふうに解釈すれば、それは一時的に決まるんです、その後の活動で。

**小林**　秩序を求めるということですね、いや応なく。

**尾藤**　そうです。それはだから快も不快もそれなりに、文脈によって生存にとってどちらが有利かというのがあって、それは文脈によって快を選ぶときもあれば、不快を選ぶときもある。

**小林**　尾藤さんの話で衝撃を受けたのは、多体問題を考えているということですね。

**尾藤**　そうです。

**小林**　一体じゃなくて多体で考えなければ、意識も心もわかりませんよと。

**尾藤**　そういうふうに、実験屋としては今考えています。

**中島**　それはめちゃめちゃ面白いです。

**合原**　それは僕も同感です。一人しか人間がいなかったら、こんなふうに心とか意識が発達したかという問題なんですよ。周りに集団があるからこそ発達してきたと思うんです。集団があってこそのわたしなんだと。だから、そういう生活の仕方を人類というのは見つけて、そういう環境で育つ。脳というのは脳だけで存在するんじゃなくて、体とも相互作用するし、環境とも相互作用するし、環境の最たるものが他者なんですよね。その中で初めて存在するので、集団という存在がやっぱり大きかったんだと思います。

**中島**　他者を他者として受けとめるという場合に、僕はちょっと感情にこだわりたいんですけれども、感情というのは非常に不思議な、本当に不思議な作用だと思っているんです。自分の感情だと思っていても、別に本当は自分の感情じゃないときも多いじゃないですか。われわれがさっきのループということを考えていくと、どうしてもセルフリフレクシブなシステムを考えがちなんですが、感情は、ひょっとしたらそれを破っちゃうところがある。あるいは逆にそれを本当は支えている何かだと。それが感情だというふうにとらえることもできるかなという気がしているんです。そうじゃないと他者が入ってこない。だから感情はもうちょっとサブな、基層的な感じがするんです。

**尾藤**　たとえば記憶の強化とかというときに感情の要素はものすごく強いわけで、それは実験的にも実証されていますし、文学的にはプルースト[注21]とかそういう形でいくらでも例があります。

**中島**　一杯の紅茶。

**尾藤**　そう、マドレーヌ。実際に文学的に記憶をどういうふうに表出、表現しているかというと、ほとんどがあの仕組みですよね。リカレントな何か客観的なリフレクシブなことだけですんではいないですよね。だから、それはやはり、先ほど時間をつくるとおっしゃっていますけれども、その行為のプロセスというのは、やはりベースに意識下の感情、情念といったものが不可欠な要素として確実にあると思います。

[注21]　ヴァランタン＝ルイ＝ジョルジュ＝ウジェーヌ＝マルセル・プルースト（Valentin Louis Georges Eugène Marcel Proust, 1871-1922）フランスの小説家。代表作は『失われた時を求めて』。

## 言葉と想像力、モラル

**中島**　それは、小林先生がおっしゃる想像力とどういうつながりになるでしょうか？

**小林**　この問題は言葉という問題とリンクしています。数は、ある意味では言葉だけど言葉じゃないものですよね。なぜならば、そういうイマジネーションを持っている人も本当はいるのですけれども、数字はイメージを呼び起こさない。たとえば１５３と言われて青い色が浮かぶという人も、本当はいるらしいんですけれども。

**横山**　浮かびます。わたしは子どもの時に、全部色が付いて見えた。今でもその色は覚えていますから、もう歴史は大得意。バーッと数字を色で覚えちゃうから。

**小林**　共感覚ですよね。そういう人にはじめてお目にかかりました。お話しをうかがいたいですが、ここでは脇道になってしまうので、横山さん以外の人にとっては、数はかならずしもイメージをともなわない。逆に、言葉は、かならずイメージをともなう。もちろん、たとえば助詞の「ガ」、「ヲ」、「ニ」はイメージがないようにも思えるけれど、「ニ」だって「ガ」だって「ヲ」だって、もちろん非常にトポロジックなイメージだけれどもなにかあるわけです。それで、今、脳科学でパターンが問題になったり、ＡＩがパターン認識までできるようになってきているというときに、この言語が根づいているイメージというのは、単なるパターンではないのではないか。そこに想像力の問題があって、そこで美の問題がリンクするという方向に行きたいわけです。

だから人間とは、言葉を与えられた存在なんですね。今は、言語の発生の問題は置いておきますけれど、人間にとっては「始めに言葉ありき」。意識は、言葉なしでも可能かもしれないけれど、言葉によって意識が組み立て直されたときに、それは実は、イメージというものがものすごく強い力を持ってきたということなのではないでしょうか。現代では、イメージが溢れていますが、イメージというものは、とても貴重だったわけですよね。今、われわれはイメージをあまりにも簡単なものだと思っているけれども、実はそうじゃなくて、われわれの脳とか意識というのは根本的にイメージに根づいていると思うのです。表面的なぺらぺらなイメージではなく、それ自体がつねに動いているようなダイナミックなイメージです。夢を見ている時のあの状態のイメージ。何だか自分でもわからないイメージが膨大に渦を巻いて流れている。それをせいぜい現実的な世界と折り合いをつけてイージーなイメージに落としているだけがわれわれの世界におけるあり方なのではないか。混線しているイメージ、同一性を担保されていないイメージ、想像力ってそういうものだと思います。

**中島**　小林先生は、広い意味でモラルの問題なんだということをおっしゃいました。さきほど尾藤先生も、やはりこれは倫理に最終的に関わることが出てくるということをおっしゃいました。小林先生がおっしゃった、広い意味でのモラルに、想像力はどういう形で効いてくるんでしょう。

**小林**　それはとても難しい問題だけれども、わたしが勝手に思っていることを混線的に言ってしまえば、最終的には世界と自分が一つであるというところに行くと思う。つまり想像力の究極は「梵我一如」というインド的な言い方でもいいのですが、そういうところに向かっていくと思いますね。それが、もっとも根源的なモラル。それを「神」と呼ぶ必要もないし、いや、何と呼んでもいいのですけれども、自分が世界の中にいるのではなくて、世界と自分がどこかで通底しているという感覚を持つことが、今露呈してきている、近代的なものの限界を乗り越える一つのモラルの方向だろうと思います。

それは実は1970年代以降、アメリカのヒッピーたちとか、いろんな人がいろんな形で実験していたりしたことにも通じますね。今ではマイナーなものになっているけれども、あの中には、「東」と「西」が出合ったという重要なモーメントがあって、それが目指していた方向は、ドラッグに走ったりとか間違った部分もたくさんありましたけれど、どこか、そのような想像力とモラルとが一致する方向だったようにも思います。

つまり、モラルというと、普通は、社会や共同体のモラルを考えてしまうのですが、今やわれわれはそのような共同体のモラルではなく、世界に対するモラルみたいなことを発想したり、想像するべきところに来ているようにも思います。そちらの方向に行かないと、われわれが受けたこの刺激を正当に「返す」方法はないんじゃないかな。

**中島**　１９７０年代に、たとえば鈴木大拙[注22]が西海岸で受け入れられたとき、ほとんど同じような議論をしていたと思うんです。大拙の、たとえば人と書いてニンと読む議論がありますね。あれは今、小林先生がおっしゃった、世界と自分は一つであるような発想と大変近いものだと思います。

## クリエーションとラディカルに人間であること

**中島**　今の小林先生のお話に対して、何かコメントなどがございましたらどうぞ。

**尾藤**　おっしゃるとおりだと思うんですけれども、もう一つは、これは脳科学と関係なしに、やっぱり人間個人の力がここまで巨大化して、はからずも世界全体の去就というか運命を変えられる人がこれだけたくさん出てきたということですね。それはポジティブな意味だけでなく自爆テロを含めてです。そういう中で、じゃあ倫理をどう考えるかというう部分もやっぱり大きな問題です。それも心ということに結局行き着くのではないでしょうか。陳腐な言い方ですけれども、やはり自分の経験を自分にどう生かすかというような、ある意味で自律的といえば自律的なんだけれども、エゴイスティックと言えばエゴイスティック、そういうことをものすごく局面局面で強いられているという社会的なス

[注22] 鈴木大拙（すずき だいせつ、1870-1966）日本の禅文化を海外に広く知らしめた仏教学者。その著作の多くが英文で書かれている。主な著作に『日本的霊性』『禅とは何か』『東洋的な見方』などがある。

トレスがある。そういう中で社会的ストレスの最たるものは、自分の脳について自分で決定しなきゃいけないかもしれないということです。たとえば薬をどう飲むかとか、自分の気分をどうやってコントロールするかとかいうことを、自分で決めなければいけない。

**横山**　宗教というものが与えてくれたディシプリンは、自分で考えなくてよかったんです。

**尾藤**　そうなんです。

**横山**　わたしはオーストラリアへ旅行したときに、メルボルンでハイヤーを呼んでいたんです。その運転をしている中年の男が突如「おまえ、人生の目的は何なんだ」と聞くわけです。「うん、それはいろいろあるなあ」と。そうしたら「俺は無神論者だ。だけど子どもはカソリックの学校に行かせているんだ。カソリックが与えてくれる規律を子どもには与えておきたいんだ」と言うわけです。

そうすると、今、起こっていることというのは、どちらかというと宗教から離れていくゾンビ・カソリシズムみたいな話になっていくときに、倫理を自分で決めなきゃいけなくなるのはしんどいんじゃないのか、ということですね。

**尾藤**　それはだから本来脳には備わっていない機能なんじゃないかと思います。

**横山**　そうでしょうね。

**合原**　ただ、ニューロ・エシックスというのがありますよね。この神経倫理学はそのあたりの問題を論じようとしていて、最初は脳をどこまでいじっていいかとか、脳を活性化する薬をどこまで使っていいかという議論だったんですけれども、その後は、たとえば近親相姦は駄目だとか、子どもを大切にするとか、そういういろんな民族に共通することが脳の共通の構造から出てきているんじゃないかという可能性があるので、そういう議論をしましょうというふうになってきています。

**横山**　レヴィ＝ストロース[注23]のインセスト・タブーとか。

**合原**　そうです。タブーなんかはまさにそうなんです。共通のタブーというのがけっこうあります。それは、脳の構造から出てくるんじゃないかという、議論がされています。最近、ＡＩ倫理学みたいなものも俎上に上ってきていて、ＡＩが、部分的ですけれども、高度な機能を持ったときに、それと倫理との関係というのは、当然議論しなきゃいけない問題になると思います。

**小林**　モラルというところに話が来てしまったとなると、わたしが考えるのは、中島さんの専門分野かもしれないけれども、やっぱり「道」みたいなことかな。「心の語り方」という始めの問いに戻るとして、「心」とは何？　となると、「魂」と「精神」と「意識」と「無意識」等々といっぱいあって、それぞれの定義もわからないのだけど、「心」を問題にする以上は、「道」みたいなものが見えてこないといけないような気が、個人的には、します。非常に古い東洋の知恵なのかもしれないけれども。

[注23]　クロード・レヴィ＝ストロース（Claude Lévi-Strauss, 1908-2009）　フランスの社会人類学者、民族学者。構造主義の祖とされる。主な著作に『悲しき熱帯』『構造人類学』『野生の思考』『神話論理』などがある。

わざわざそんなことを言うのは、それによって超えていくべきものがあるからなんですね。それは、じつは、西欧の根底にあるもっとも強いイデアで、つまりキリスト教的な「創造」という問題です。つまり、イマジネーションの想像力ではなくて、クリエーションという「創造」。創造主と被創造者としての人間という強固な「対」、そのあいだが、神人同型（アントロポモルフィスム）によって規定されている。これは強力ですよね。人類にとっての最強のドクトリンと言いたいくらいです。なにしろ、ある意味では、科学技術というものが根づいているのは、そういう世界創造のコンセプトとも言えるかもしれないので。それに対して、東洋的な思想は、そのような神と人間とのあいだの相互規定、いや、「神」に「人間」を投影することなしに、むしろ「無」のうちに見出したように思いますね。あまりにも粗雑な大雑把な議論ですけれど。そして、わたし自身は、そこで西欧的な「創造」のアイデアをディコンストラクションするために、東洋的な「無の道」を通っての世界への到達を、もう一度、考え直してもいいのではないか、と漠然と思っているということです。わたしには、科学技術は、数学も情報科学も生物学も全部含めて、「クリエーション」の壮大な自己展開のようにも見えるということです。それに対して、「無の道」の根源的な「慎ましさ」みたいなものに、微かな希望の光を見出したいみたいな。そこに、なにかこの世界の極東という端っこにいる人間として、ラディカルに人間であることをもう一度、根底から考え直すきっかけがないかなあ、と思っているわけです。

# おわりに

**中島**　ありがとうございます。おかげさまで、これまでの議論で、心の語り方の現代的な姿が示され、それがいかなる社会的なインパクトをもたらすかというのを論じることができたように思います。最後に三人の先生方から、今日の座談会を振り返って、一言ずついただいて締めたいと思います。

**合原**　非常に学ぶことが多かったです。ただ、これをいかに数学にするかというのは難しいなあというのが素直な感想です（笑）。

**尾藤**　僕はデカルトが好きで、だけどもデカルトとは同じ時間を共有できていないので、同じことはできないけれども、自分に何ができるかということで、脳の科学に進みたいというようなことが少しずつ意識にあって、今の記憶の分子メカニズムというのを研究しています。そういう意味では、自分の履歴を振り返りながら、こういう座談会をさせていただいたのは、ものすごく楽しかったです。

ただ、その先に行き着くところの、われわれの研究がどういうインパクトを与えるかというところで、もちろん新しい知識・知見を増して、ひょっとすると何か医療に展開するということも大事だと思うんですけれども、一方で、何度も繰り返し申し上げているように、人が自分の脳を変えていくということが、それこそゲームなんかはまさにそうですし、そういうことをしながら、今や生きていくためには、ひょっとすると自分の脳を変えていくということすら、手段として人間は選択せざるを得ないところに来ているかもしれない。そこには、モラルの問題もありますし、意識・無意識という問題もある。そこは人類史上、非常に面白いといいますか、大変な局面に来ているんだなというふうに、あらためて思いました。

だから、そういう意味では、自分としてはコツコツこれから仕事をしていくしかないのですが、やはり横山先生がおっしゃる新しいリテラシーというのを、できるだけ多くの方が共有していただいて、自分の周辺での事象に対応できるようになると本当にいいなというふうに、あらためて思いました。

**小林**　最初の方に出てきた電気パルスの話、ヤリイカのすごく長い神経のニューロンにわずかな隙間があるという話がありました。信号が、ただそのまま伝わっていくだけじゃなくて、わたしのようにフランス現代哲学にはまった人間は「ディフェランス」とか言いたくなるのですが、ほんのわずかな差違、ずれみたいなものが無数に脳にある。コネクションの体系なのだけれど、コネクションのユニットの1個1個がものすごくわずかな微小の差違で連結されている。つまり、どちらかというと、微小の差違の方こそが脳をつくっている可能性がある。接続が単線的につながっているんじゃなくて、差違によって全部が構成されているというような。このわずかな、数学で言う「無限小」みたいな、無限大の方の「無限」じゃなくて、「無限小」の方のずれというか差違が決定的であるように思えるのが、人文系の思考にとっては、とても面白いのですね。脳科学の議論をわからないなりに、一生懸命追い掛けていくと、この意識＝脳の世界では、わずかな無限小のずれによって、いろんなことが起こっているということがわかってくる。

すなわち、われわれの脳は、無限小の差違の括弧付きの「無限」というか、膨大な量の組み合わせによって維持されているということから、先ほどチラッと口走ってしまった「モラル」の方向へ進めないか。われわれの自分自身のあり方から、自分の「道」を見つけていく方向に一歩進めないかと考えるわけですね。つまりわたしもまたこの膨大な世界の中の「無限小」にすぎないということから出発して、その「無限小」にこそ「世界」の可能性があると言い換えてもいいかな。さっき「梵我一如」とも口走っちゃいましたけれども、それも「梵我一如」だから「わたしと世界は1対1」だというのではなくて、無限小なのだけど、そこから無限の時間やものが現れてくるというかな。その意味で時間というのは想像力の展開だと言えるのではないか。でもここで言う想像力は、わたしが想像しているというより、世界が想像する力ですよね。そのような方向に考えていくことに、一つの可能性がないかなということを考えています。

こんなこと、いまだかつて言ったことはないのですけど、つい言わされてしまいました

（笑）。

**合原**　すごく面白いです。つまり極限操作したらもう消えてしまったようなことですよね。

**小林**　そうです。

**合原**　極限操作した脳はまさにゴルジ[注24]の主張なんです、網目状だと。ところがカハール[注25]は、光学顕微鏡では見えないんだけれども、隙間があるはずだと見抜いたんです。非常に小さいけれども0ではない、と。それから他方で、無限大に持っていけるんだったら、むしろやり方があると思うんですけれども、ものすごく大きな有限というのは、ある意味、無限より難しいのです。これが顕在化するのがNP困難問題です。だから、まさに無限操作ができない、極限操作ができない大きな有限だったり、非常に小さな有限だったり、そこに何か面白さがあるなということを、今の小林先生のお話を聞いて感じました。

**小林**　よかった、刺激を与えられて（笑）。

**中島**　小林さんがおっしゃった広い意味でのモラル。以前はたぶん弱い倫理だという言い方でおっしゃっていたと思うんですね。わたしは中国のことを少しはやっていることもあって、たとえば儒学なんかを考えると、じゃあモラルって究極的には何だろうといったら、やっぱり道というのが出てくるわけです。でも道ってそんなに簡単に行けるわけじゃなくて、道に行くためにはいろんな努力をしなければいけない。その中で、やっぱり

［注24］カミッロ・ゴルジ（Camillo Golgi, 1843–1926）イタリアの内科医、科学者。サンティアゴ・ラモン・イ・カハールと共に、神経系の構造研究に関して、1906年にノーベル生理学・医学賞を受賞。

［注25］サンティアゴ・ラモン・イ・カハール（Santiago Ramón y Cajal, 1852–1934）スペイン出身の神経解剖学者。1906年にゴルジと共にノーベル生理学・医学賞を受賞。

重要なのは礼という概念です。その根本は何かというと、〈かのように〉世界を見るということなんです。まるでそこに先祖がいるかのように、祀ってみる。しかし、実際には先祖などいないわけです。そんなことはみんなわかっている。しかし、その〈かのように〉という、非常に不思議な、ある種の微分空間なんですけれども、それが倫理を支えていくわけです。たぶん、ここに人間のある種の古いタイプの意識が組み込まれているんだろうと思います。さっき差異の話をなさいましたけれども、差異に敏感じゃないと〈かのように〉は出てこないわけですよね。

**尾藤**　それはやっぱり、動物の世界では本能とか刷り込みとかという形で言われている非常に原始的な記憶で、獲得されるものではなくて、持ち合わせているわけなんですね。それが人にも部分的にあるというのは、学問的には証明されていませんけれども、生物学的にはあり得ることだと思います。

**横山**　学問的に証明されていないんですか？

**尾藤**　実験的には、です。

**中島**　〈かのように〉は難しいです。

**小林**　名前こそが〈かのように〉ですね、ある意味では。名は実体と離れてある。まあ、言葉ってそういうものですけど、ですから、言葉の極限的様態は名です。でも、名があるかないかって、実体的には、ほとんど微小な差違じゃないですか。実体的には変化はほとんどないけれども、名前がつけられた瞬間に他者とのあいだで、想像力が動員されて、一つの全き世界が立ち現れるわけです。生まれた子どもに名を与えた瞬間から、その存在が「家族」という一世界の中に登録される。この「世界」が「うその世界」だと誰も言えません。人間の世界というものは全部これだとも言えるわけですね。

**中島**　ですから、キリスト教の神学が何を問題にしているか。名の問題です。神の名というのを一生懸命考える。じゃあ、中国の哲学は何をやったのか。やはり名の問題なんです。たぶん、そういった古いものが、新たな仕方でよみがえっているのだろうという気が、ここでのお話を伺いながらしています。

# より深い思考へ

# 「人間とはなにか?」という問い

小林康夫

中島隆博さんが主導するこの「語り方」を問うプロジェクトは、

1) 心の語り方
2) 存在の語り方
3) 言語の語り方
4) 倫理の語り方

と四つの次元に分岐する構造をとっていて、わたし自身はその1)に参加させていただいただけなのだが、わたしはそこで、最後には思わず「道」などという言葉を口走っていたはずで、そうであれば、それはまっすぐに4)の倫理の次元へとつながっていることになる。いや、心、存在、言語、倫理——これらは、すべて相互につながっていて、じつはひとつの大きな問いが立ち現れるいくつかの次元にすぎない。では、その大きな問いとはなにか、ということになれば、やはり「人間とはなにか?」ということになるだろう。ここでは「世界の語り方」を通して、「人間とはなにか？」が問い直されているのである。

「人間とはなにか？」――古いふるい問いである。人間はいつでも「人間とはなにか？」と問うてきた。だから、「人間とはなにか？」という問いへのもっともシンプルな（？）答えは、「人間とは『人間とはなにか？』と問うことをやめない存在である」ということになるかもしれない。この答えには、すでに存在（「なに？」）、言語、倫理（「やめることができない」実践）が暗示されている。

そうであれば、われわれはこの問いの最終的な（！）解答になどけっして辿り着くことはない、ということも同時に理解できるはずである。つまり、この「なに？」という問いは、ほんとうは、原初的とも言うべきある原-倫理に先立たれているのであって、それは、人間は、そのつど、「人間とはなにか？」と問わなければならない（この「ならない」は、フランス語で書くなら「il faut」であり、非人称的である、つまり道徳的なものではない、ということに注意してほしい）というものである。

言うまでもなく、この原-倫理は言語に内在し、言語から由来するものである。この場合の言語とは、たんなる情報のやりとりではなく、「なにか？」と問うことを可能にするような言語、つまり人間の自然言語である。そして、「なにか？」と問うことは、最終的には、「存在」を問うことである。「人間とはなにか？」と問うときには、人間がどのようなものであるか、対象（ハイデガーにならって「存在者」と言ってもいいのだが）としては、わかっている。そこには疑問がない。にもかかわらず、対象としての人間が、「存在」としては、なにであるか？　と、問いは問おうとするのだ。そうなれば、それは、どうしても意味にかかわることになる。

対象としての人間がどのようなものであるのかはわかっているとして、その存在にはいったいどのような意味があるのか？　——そう問うことが可能なのは、当然ながら、その問いが言語を通して行われているからである。言語は、対象と意味を分離する。「花」という言葉は、いま、わたしの目の前に咲く具体的で、個別的な一本のチューリップを指示することもできるが、それだけではなく、「花」という言葉が喚起するあらゆるイメージや概念、さらにはそれにまつわる発話者の「思い」までも意味し、含意することができる。実際、それが「なに」を意味するのかはっきりしないまま、われわれはたとえば「秘すれば花なり」とまで言うことができるのだ。

一方に現実的な、具体的な対象としての存在者、他方に、多様な意味。われわれの言語とは、「世界」のなかに、このような分断・分離を導入する根源的なオペレーションである。言語によって、人間は意味へと運命づけられる。極端な言い方をすれば、「意味」へと断罪される。そして、この「意味」が意味するのは、たんなる「語義」や「文意」

などではなく、人間が世界に存在しているその「意味」にかかわる。分断・分離が導入された以上は論理的に当然のことかもしれないが、それは、分断・分離されたものが、ふたたび結び合わされること、再結合が起こって、そこに「世界」が取り戻されるという意味での「意味」なのである。

となれば、これは、通りすがりにほのめかしておくだけだが、「宗教」を意味するラテン語のことば religio の語源のひとつが re-ligio（ふたたび結び合わせる）であることを思い出してもいいかもしれない。つまり、宗教とは、人間に、この世界のなかで、みずからが存在として「ゆるされ」、「意味」をもつことを、言語を超えて、保証する「信」の言説であったのかもしれない。それは、疑いなく、「人間とはなにか？」という問いに対する、人間がこれまでにもちえたもっとも強力な答え方であった。religio は、なんらかの仕方で人間を超越する存在を導入し、それとの根源的な関係を実践的に設定することによって、その問いへの最終的とみなすべき解答を提起する。言い換えれば、「神」という、現実的な存在者なき絶対的「存在」を設定することで、言語の限界線において、言語がもたらす「意味」という分離が引き起こす実存的不安を、確固たる「信」へと転換するわけである。

だが、言っておかなければならないのは、religio は、けっして言語の論理的な操作からだけ導かれるのではなく、多くの場合は、人間のなかの、選ばれた特別な存在《ひと》による実践的経験に裏打ちされているということ。つまり、「人間」と「人間ならざるもの」との（再−）結合は、言語の一般論の地平ではなく、ひとりの歴史的な「人間」において起こっているのであって、religio の言説は、一個の特異性において普遍性を開く、つまり「全体のための一」、「共同性のための個」という、強いて言えば、「犠牲」の倫理に貫かれているのが一般的である。それは、「人間」の「顔」をもつ。「人間とはなにか？」という問いに、（それがどのように想像されたのだとしても）ひとつの「名」をもったひとつの「顔」が応答している。それこそが、religio の根源なのである。

ここには、シンギュラリティー（特異性）の（非−）論理がある。すなわち、われわれ人間は、これまで「人間とはなにか？」という問いに対して、けっして対象である人間存在の平均的な、あるいは一般的な特徴を抽出したイメージ＝意味をもって応えようとはしてこなかった。現代では、シンギュラリティーという用語は、レイ・カーツワイルが言う、人工知能が人間の能力を超える時点という意味で用いられることが多いが、人間は、これまでつねに、「人間とはなにか？」に対する究極的な応答を、人間存在を超越的な存在へと超え開く特異な存在においてこそ認識してきたのである。

ここでは「語り方」が問題になっているのだから、あえて修辞学的に言えば、「神」という言葉は、究極の隠喩（メタファー）である。それに対して、このシンギュラリティー、人間的特異点としての存在（者）は、「人間」一般ないし全体に対する換喩（メトニミー）、いや、その究極としての提喩（シネクドキ）として機能する。すなわち、「隠喩」と特異性の「提喩」を交差させることで、人間は、「人間とはなにか？」という問いに対する答えを定式化してきたということになる。

　このようなクロス・レトリックの構造は、人間が自然言語のなかで問う以上は必然的である。それは、人間の文化が根づく根源的構造なのである。

　しかし、この構造には、重大な問題がある。それは、――「バベル問題」と呼んでもいいのだが――人間の自然言語はひとつではない、ということ。われわれ人間には、たくさんの（しかしけっして無限ではない）異なった言語があり、それぞれの個別の人間は、そのうちのせいぜい一、二の言語のなかでしか生きていないということ。つまり、言語は、「人間」という普遍的な一般性に対しては開かれておらず、むしろ、そのなかの部分集合である、たとえば「部族」や「民族」などの共同体に対して共同性の場を開き、保証するものとしてある。「言語」は、はじめからたとえば「民族」という「存在」規定によって囲い込まれている。つまり、われわれが自然言語のなかで、「意味」を問う以上、その「意味」はけっして完全な普遍性を獲得することはできないのであって、「絶対」「真理」「普遍」などをどのように語ろうとも、それは、その個別の言語のなかで打ち立てられた「部分世界」にすぎないのだ。あらゆる宗教――（そして哲学もまた！）――は普遍性を標榜するが、しかしその「普遍性」は個別言語という限界のなかに封じ込まれている。その意味では、言語は、厳密に、不完全なのである。根源的に不完全であり、じつはそれゆえにこそ、言語こそが「民族」などの共同性を保証するということになる。言語の「不完全性定理」は、言語による「部分共同性の原理」と表裏一体なのだ。

だが、（これも通りすがりに指摘しておくだけだが）、そうであれば、じつは、なんらかの仕方で言語による「共同性」の拘束を超えた「普遍性」を目指そうとする営為にとっては、「翻訳」という行為がきわめて重要であることが理解されるはずである。別の言語に翻訳すること、それは、閉じ込められている部分的共同性からその「外」へと出ることである。だが、それは、ただもうひとつ別の言語のなかに、「意味」の等価物ないし対応物を見出すというのではなくて、むしろけっして一致しない「意味」の差異そのもののなかに、言語を超える可能性を垣間みる、あるいはそれに触れる、ということである。「世界の語り方」は必然的に、自然言語の共同性を超えた「（不）可能な翻訳」というモーメントを通らざるをえないのだ。

言語の問題はそのまま人間の存在の問題である。問題は汲みつくしがたい。だが、ここでは、言語について、その一般的な問題領域を経巡るのではなく、いま、人間の「歴史」が突きつけてくるもっとも鋭い切っ先について、わずかでも、触れておかなければならない。それは、数。

すなわち、20世紀という自然科学が、各分野において、「世界」観の文字通りの大革命を成し遂げてしまった時代を受けて、いま、「人間とはなにか?」という問いは、もはやたんに(自然)言語のなかで問われるだけではなく、自然科学がもたらすこの新しい「世界」観においても問われなければならない。そして、その「世界」観のもっとも過激にして、美しい「意味」はなによりも数に基礎づけられているのである。

数とはなにか? 数は「言語」なのか? だが、数こそ、個別の自然言語に拘束されない、つねに絶対的に翻訳可能な、普遍的な「言語」ではないか? 数において、「言語」は言語的拘束を超えてしまうのではないか?

もちろん、ここでは、数とはなにか、という根本的な問いに答えることなどできるわけがない。だが、ただ――これもあまりにも荒っぽい言い方だが――、数だけが、あらゆる言語的拘束を超えて、人間が普遍性において「世界」を語ることを可能にしているのだ、ということははっきりさせておかなければならない。数こそが、もっとも強力な「世界の語り方」なのである。それは、自然言語に本質的に曖昧な「意味」を超えて、「世界」を普遍的に語ることを可能にしてくれる。そして、それは、とりわけこの数世紀、人間がけっしてみずからは想像することもできないような「世界」の驚くべき存在様態を人間に開示してくれた。この「世界の語り方」には、「民族」や「部族」的な共同性はない。それは、直接的に、非人間的なまでに普遍的なのだ。それは、われわれの「世界」のはじまり（ビッグ・バン）から、物質の無限小、時空の本質にいたるまで、人間の想像を超えた「世界」の存在（の様態）を明らかにしつづけているのだ。

ここで修辞学的ジャンプを行って、数理に基礎づけられた自然科学という「世界の語り方」を、あえて乱暴に、自然言語に基礎づけられた「宗教」へと翻訳するならば、こうした数による「世界の語り方」が明らかにする究極の「意味」とは、数こそが失われた「バベルの塔」、つまりは「神の言語」だったのであり、つまりは、この「世界」がそのまま「神」であるということになるかもしれない（実際、今日、存在の類型としては、創造的な自然科学者以上に、「宗教的」である人はいないのではないだろうか！）。すなわち、自然科学とは、人間的な「意味」を介在させない究極の「神学」なのかもしれないのだ。

現代において、人文科学というより、むしろ自然言語に基礎づけられた人間の「意味」の世界に対して、この「神学」が突きつけてくる切っ先はいよいよ鋭く、激しく、切迫している。この「神学」は、この「世界」のなかで、あらためて「人間とはなにか？」

と問いつめてくる。われわれは、この切っ先から逃げて、またしても言語的拘束に縛られた「宗教」のなかに退避するのではなく、その「先」へと行こうとしなければならない。そこに、ひとつのラディカルな「道」を開こうとしなければならない。おそらく、ここでは、この「世界」が、無限の「数」のなかから、われわれ人間を存在可能とするきわめて特異な「数」（係数）を備えているという「人間原理」を指摘するだけでは十分ではないだろう。おそらくは、この「人間原理」をこそわれわれは解釈しようとしなければならない。しかも、よりラディカルな方向へと解釈しなければならないのだ。

編集部からの依頼で「フォローアップ」のテクストを書かなければならなくなり、「心の語り方」の座談の記録を読みながら、晩春のある朝、乱れる「心」のままに〈迷想〉を綴った。結局、これは、ただ、ひとつの決意をみずからあらためて確認するだけのテクストにすぎない。だが、書きながら、人間の「意味」がそこに根づいている根源的な次元としての「歴史」のことをあらためて考えなければならないのではないか、という思いが過ったことを告白しておこう。あらためて、われわれ（とは、誰だろう？）は、「歴史の語り方」を発明するべきなのではないか、と。「歴史」を「世界」の方へと突破する「語り方」、その可能性を夢見るように思いつつ、一朝の〈迷想〉を閉じる。

# 脳と人工知能

合原一幸

人工知能（ＡＩ）に対する世の中の興味が日々加速している。将棋や囲碁に関してはプロ棋士よりも強くなり、人工知能が人々の職を奪うのではないかという議論もかしましい。そして、人工知能を核とした科学技術発展の行き着く先として、今回の座談会でも主要な論点のひとつとなった「私」というシンギュラリティを超える「シンギュラリティ」（技術的特異点）[1]がそれほど遠くない将来に起こるのではないか？　という危惧を抱く人も少なくない。この意味で、人工知能が意識や心を持ち得るかという問題は、社会的インパクトや社会的関心という意味でも避けては通れない問題になりつつある。

本座談会では、数学化された世界観や複雑系数理科学が心に対して提起する創発などの概念が議論された。心と計算の関係性を論じるにあたっては、複雑系が生み出し得る計算能力に関連した諸問題、特に人工知能を実装しているデジタルコンピュータ、そしてその数理的源流であるチューリングマシンの計算能力、さらには脳の情報処理能力との比較がきわめて重要な論点になる。たとえば、複雑系が創発する高度な計算能力で、現在のデジタルコンピュータを超える可能性や脳により迫れる可能性があるのかという問題である。

この方向でまず考えるべき問題は、組合せ最適化問題におけるNP（Nondeterministic Polynomial time）困難性である。本座談会でも議論した、大きな有限の問題が持つ難しさである。現代の科学技術の様々な問題は、このNP困難問題に帰着される。たとえば、創薬や材料探索、無線ネットワークの周波数割り当て問題をはじめ、機械学習やフィンテックなどにおける多くの問題とも関係する。

このように社会的重要性が高いため、シミュレーテッド・アニーリングやタブーサーチ等々デジタルコンピュータ上で効率よく組合せ最適化問題の近似最適解を求める強力なアルゴリズムが、長年にわたって開発されてきている。他方で、我々のカオスニューラルネットワークをはじめとして、[2,3] まったく新しい発想の計算手法を新規のハードウェアを含めて開発する研究も行われてきている。特に最近、コヒーレントイジングマシン、[4,5] 量子アニーリングを用いたD-WAVEマシン、[6] さらにはCMOS回路技術を用いたアニーリング手法など、組合せ最適化問題に特化した多彩なハードウェアが開発されてきている。これらのハードウェアとデジタルコンピュータを組み合わせることによって、いろいろな局面で準最適解を短時間で見つけることが実用上は可能になろう。

NP困難問題の次に考えるべきより難しい問題としては、たとえば実数の計算がある。すべてのチューリングマシンの集合自体が可算無限集合なので、ほとんどの実数は計算できないため、この問題は重要な論点となる。いわゆるアナログコンピュータは、電圧などの物理量でアナログ値、すなわち実数を表現できるので、自然な解決法に見えるが、このアナログ値は必ずノイズを伴うため、実数そのものを実装できるわけではない。したがって、何らかのノイズ耐性を持つマシンが必要となる。そこで本座談会でも紹介したすかすかのカントール集合と類似のフラクタル表現を用いた電子回路を作ってみたことがあるが[7]、残念ながらなかなか精度は出なかった。チューリングマシンを超えるニューラルネットワークの理論的構想も提案されているが[8]、実現は難しいように思う。

脳とデジタルコンピュータの能力を比較する上で本質を突く論点は、脳が「チューリングマシンの停止問題」のような決定不能問題を解けるか？　という問題である。脳には解けてデジタルコンピュータでは解けない問題があれば、デジタルコンピュータ、そしてそれに立脚した人工知能は脳を超えられないことを示すことになるからだ。ペンローズはこの決定不能問題を切り口にして、脳がチューリングマシンの能力を超えることを議論したが[9]、成功したとは言い難い[10,11]。

決定不能問題に関しての興味深い論考は、ブラムらによる実数を厳密に取り扱えるアルゴリズム（すなわちチューリングマシンを超える）を仮想してもマンデルブロー集合は決定不能だというものだ。[12] その一方で、このようなきわめて複雑なマンデルブロー集合に関して、その境界のハウスドルフ次元が2であることが我が国の数学者宍倉光広によって証明されている。[13] こういう事実を目の当たりにするとやはり脳はチューリングマシンを超えると考えたくなるが、それだとペンローズの議論と同じ道をたどるような気もする。個人的には人工知能が実現できない脳機能は残ると思いたいが、それを証明する、そして技術的特異点が生じないことを証明するのも容易ではない。

この問題を別の方向から見れば、複雑系の典型例のように見える脳の計算機構のどこかにチューリングマシンを超える原理があり得るのか？　という、実に魅力的な問いとなる。電気工学を学んだ後、松本元先生の下でヤリイカ巨大神経軸索の電気生理実験を始めたときの筆者の第一印象は、神経膜は一種の変な非線形電気回路素子に過ぎないというものだった。実際その特性は時変の等価電気回路で表現することができて、それを微分方程式で記述したものがホジキン・ハクスレイ方程式である。このように特に不思議なところは何もないデバイスからできた脳に、なぜ主観的な意識や心が創発するのか？　この問題が現代脳科学の最大のミステリーである。[14]

計算論的に考えると、神経パルスが脳の情報のキャリアだと仮定しても、ニューロン単体にはきわめて多数のイオンチャンネルたんぱく質などが存在して、ノイジーな環境下でのそれらの活動の総体としてニューロンの活動が生成されるので、ニューロンの入出力特性[14]を厳密にデジタルコンピュータで再現することがそもそも可能なのか？　さらには神経パルスのタイミングを再現しようとすると、時間軸方向のアナログ表現の問題をどう考えればいいのか？　等々、論点が山積していて、出口はまったく見えていない。

いずれにしろ、今後も人工知能の能力が向上していくことは間違いない。したがって、人工知能を使いこなすリテラシーの獲得は、これからの若い世代にとって不可欠となろう。ついでに言うと、そのことを含むリテラシーとしての数学教育の重要性も高い。すでに人材不足が顕在化している人工知能やデータサイエンス分野の基盤にもなるからだ。

さらに、人工知能を使いこなすと同時に大切なことは、人工知能とうまく協調することだ。筆者らが提唱した人工知能と人間がペアを組んでプレイするペア碁の研究をはじめとして[15]、そのための研究の重要性は今後ますます大きくなると思われる。人工知能が意識や心を持たなくても、そのような研究から「私」の心に関して我々が学べることは結構多いように思われる。

## 参考文献

1　吉成真由美（インタビュー・編）：「人類の未来―AI、経済、民主主義」NHK出版新書513、NHK出版（2017）。

2　Kazuyuki Aihara: "Chaos Engineering and its Application to Parallel Distributed Processing with Chaotic Neural Networks," *Proceedings of the IEEE*, Vol. 90, No. 5, pp. 919-930 (2002).

3　中尾裕也・長谷川幹雄・合原一幸：「ネットワーク・カオス―非線形ダイナミクス、複雑系と情報ネットワーク」情報ネットワーク科学シリーズ4（電子情報通信学会監修）コロナ社（2018）。

4　P. L. McMahon, A. Marandi, Y. Haribara, R. Hamerly, C. Langrock, S. Tamate, T. Inagaki, H. Takesue, S. Utsunomiya, K. Aihara, R.L. Byer, M.M. Fejer, H. Mabuchi, and Y. Yamamoto: "A Fully-programmable 100-spin Coherent Ising Machine with All-to-all Connections," *Science*, Vol. 354, No. 6312, pp. 614-617 (2016).

5　T. Inagaki, Y. Haribara, K. Igarashi, T. Sonobe, S. Tamate, T. Honjo, A. Marandi, P.L. McMahon, T. Umeki, K. Enbutsu, O. Tadanaga, H. Takenouchi, K. Aihara, K. Kawarabayashi, K. Inoue, S. Utsunomiya, and H. Takesue: "A Coherent Ising Machine for 2000-node Optimization Problems," *Science*, Vol. 354, No. 6312, pp. 603-606 (2016).

6　西森秀稔・大関真之：『量子コンピュータが人工知能を加速する』日経BP社（2016）。

7 J. K. Ryeu, K. Aihara, and I. Tsuda: "Fractal Encoding in a Chaotic Neural Network", Physical Review E, Vol. 64, 046202, pp. 1–6（2001）.
8 H. T. Siegelmann: *Neural Networks and Analog Computation-Beyond the Turing Limit*, Birkhäuser, Boston（1999）.
9 ロジャー・ペンローズ：『皇帝の新しい心—コンピュータ・心・物理法則』（林一翻訳）みすず書房（1994）。
10 飯田 隆：「第Ⅱ部ゲーテルと哲学—不完全性・分析性・機械論」『ゲーテルと20世紀の論理学1—ゲーテルの20世紀』（田中一之編）東京大学出版会、pp. 111–169（2006）。
11 照井一成：『コンピュータは数学者になれるのか？—数学基礎論から証明とプログラムの理論へ』青土社（2015）。
12 L. Blum, F. Cucker, M. Shub, and S. Smale: *Complexity and real computation*, Springer-Verlag, New York（1998）.
13 M. Shishikura: "The Boundary of the Mandelbrot Set Has Hausdorff Dimension Two," *Astérisque*, Vol. 222, pp. 389–405（1994）.
14 渡辺正峰：『脳の意識 機械の意識—脳神経科学の挑戦』中公新書 2460（2017）。
15 合原一幸編著：『人工知能はこうして創られる』ウェッジ（2017）。

# 新しい「常識」

横山禎徳

「読み・書き・そろばん（算数）なしには世間を渡れない」と江戸の昔から言われていた。その時代において、人としてまともな生活を送るための「常識」であったと思う。その結果であろうか、当時の日本の識字率は世界でも圧倒的に高かったと言われている。では、現代ではどうであろうか。より複雑で判断のむつかしい今の世間を賢く渡っていくには、この「常識」だけでは十分ではないことは誰も異論はないであろう。新しい「常識」が必要なのである。そのような「常識」は何であろうか。それをここで私なりに定義してみたい。

続々とこれまでの常識を壊してしまうような新しいことが起こり始めている時代だ。それらの新しい出来事に関する知識と情報を得ることは当然大事であるが、それと同じくらい大事なことは、めまぐるしく展開する状況がもたらす表面的現象に振り回されることなく、その裏にある本質を賢く判断する能力、もっと端的に言えば、新しい思考方法を身につけることではないだろうか。それを新しい「常識」と呼ぶことにする。しかし、それは「教養」とは違う。「教養」であれば、十分身につけていることは大変望ましいが、少し欠けていても日常生活の判断に困ることはない。しかし、「常識」はそれがないと「世間を渡れない」。そういう意味で必要不可欠なのである。

その必要不可欠な新しい「常識」とはつまるところ、マネジメント、デザイン、システムの三つであると考えている。すべて英語である。歴史的に英語が多くの語彙を借りてきたフランス語には最初の二つはない。マネジメントはともかく、デザインという語彙がないのはフランスらしくないと誰もが思うだろうが、実際、ないのである。したがって、フランス人も英語を使っている。幸い、すべてに日本語訳は存在するが、その意味合いは微妙に異なるのでここでは英語を使うことにする。

古い三つの「常識」も学習と訓練を通じて覚えるスキルであるが、新しい「常識」も同様に十分な訓練が必要である。この三つを知らない人はあまりいない。しかし、言葉としてわかっているだけでは役に立たないことが最大のポイントである。「学問」は多くの場合、頭脳活動であり、文献や講義である程度理解することが可能であろうが、この新しい「常識」は高度スキルであり、頭で理解するだけではなくかなり長期の訓練を通じて体で覚えないといけないのだ。

頭でそれぞれの分野の専門的「知識」を学習し、何度も「技能」の訓練をして体が自然に反応するまで叩き込み、そして、総合的判断に欠かせない「知恵」を頭と体で一体的に経験を通じて身につけるという、知識、技能、知恵の三つをすべてこなさないといけない手間のかかる作業が必要なのだ。ピアノやバイオリン、ゴルフやテニス、ジャズ・ダンスやバレエは体で覚えないといけないことは誰でも知っている。それを「身体知」と呼ぶ。マネジメント、デザイン、システムも実はそういう習得の仕方であり、基本は同じなのである。

## マネジメント

経営学（マネジメント・サイエンス）とマネジメントとは異なる。前者は学問であるが、後者は高度スキルである。経営学に精通したからといって具体的な企業などの組織のマネジメントができる必要十分条件にはならないだけでなく、実際は大きな違いがある。経営学は学問だからデータ・ポイントが二つ以上ないと、将来の方向を含めて客観性と説得力のある議論は展開できない。したがって、常に過去の現象を扱うことになる。日本の経験したバブルの後、百冊以上のバブル分析の本が出版された。もう少し早く出してくれればと誰もが思ったであろうが、それは無理なのである。しかし、マネジメントは経験則であり、未来が過去から現在までの展開の外挿である確率は低いことを我々は知っている。

マネジメントの当事者はデータ・ポイントが一つしかない状況に常に直面する。そのような状況において、ミクロ経済学や組織論、心理学、行動科学などの学問がカバーするような多様な分野の学習と経験を通じて身につけた「知見」とを組み合わせ融合させながら、将来進むべき方向を決め、それに賭ける。そのような決断をするには度胸が必要だ。その決断は早いに越したことはないが拙速ではなく、あれやこれやと仮説を立てながら壊すという繰り返し思考の結果である。その後も、実施の過程で想定外も含めて新たに直面する課題の発見と対策を迅速に遂行し、次々に課題解決していく高度なスキルである。

デザインは法律とは違って規範的ではない。言い換えれば、「これが正しい」というものが存在しない。マネジメントと同じで、すべて経験則である。そのような状況において、利用者、そして依頼者が妥当と思う解を一定の期限内に見つけるという規律を要求する作業である。

## デザイン

最近、「デザイン・シンキング」という表現がよく使われるが、デザイン自体が思考プロセスである。同じく「デザイン・マネジメント」という表現も、自分の目指すものや好みを自由に追求する、ある種の芸術とは違って常に依頼者がいる。その期待に沿うためにはマネジメントのないデザインはありえない。どちらも意味なく、くどい表現である。そういう表現はデザインという「身体知」の訓練を十分受けていない人たちが実感なしに頭でデザインを理解し、語ろうとするからではないかと思う。しかも、どちらかというと議論の視点がハードウェアに偏っているが、触れられなくて目に見えないソフトウェア、特にオペレーティング・システム・ソフトウェアのデザインにもっと注目すべきだ。

訓練と経験を駆使しながら、そして、常に着地点が見えない不安にさいなまれながら、新しい発想、望むらくはひらめきを求めて時間のある限り、何度も繰り返し考えるという、きわめて単調な試行錯誤を続けるのが唯一のデザインの方法論だ。当然、「未来永劫これで決まりだ」という解は存在しない。何年か後にはより良い、より妥当な解の可能性が出てくるのが普通だ。

出現してほんの十年しかたっていないスマホの展開を考えていただくとわかりやすい。時間とともに利用者は最初の新鮮な驚きを失い、今のものは当たり前としてより優れたデザイン「解」を要求し始める。常に出現する新しい技術が新しい可能性の次元（ディメンション）を付け加えることも多い。それによって「解の存在する $n$ 次元の空間（ソリューションスペース）」が拡大し、発見した新しいデザイン「解」を提供することが可能になる。それだけでなく、時間とともに新しい社会の視点、価値観も出てくる。個人のプライバシー保護などがその典型的な例である。多くの解の中で社会が直面する課題解決につながるデザイン「解」が淘汰され残っていく。

そのようなダイナミックな活動がイノベーションを刺激し、そのイノベーションを受け入れるだけの経済的につじつまの合う市場が形成される。その経験が今まで気が付かなかった課題の発見につながり、新しいデザイン・スペックが要求され、それに答える新しい仮説としてのデザインが出現するということが永遠に続くのである。

## システム

システムとは世の中を動かしている仕組みである。天気、気候、四季などの変化はシステムであると誰もが理解している。近年、人間という生命体もいくつかのシステムの統合として理解する考え方が発展してきた。ホメオスタシス、血液循環、免疫などがそうである。二十世紀半ばにおけるDNAの二重らせんとしての遺伝子の解明は生命の持つシステムとしての精妙さに学者だけでなく、多くの人々が感動した。それと同時に、物事をシステム的に理解することの重要さを示した。

生命体のシステムは老化や進化、脳の機能、特に意識のメカニズムなど、まだまだ解明されていないことが多い。「うまみ」が甘味や苦味などと同じ、独立した味覚として認知されたのは最近である。我々がうまみを知覚するメカニズムが解明されるのに池田菊苗博士のグルタミン酸ソーダの発見から百年かかった。

このようにサイエンス・リテラシーがないと理解できないシステムだけでなく、世間にはたくさんのシステムが存在する。現象の裏にある、それを動かしている仕組み、すなわち、システムがわからないと深くわかったことにならない。

現代社会が直面する諸々の表面的現象に気が付くためには、ここでいう新しい「常識」の訓練はいらない。最近のネット・メディアに氾濫している文章を見ればすぐにわかる。表面的現象を見て解釈しただけの浅い理解に基づいた論考が多い。しかし、そのような現象の背景に必ずあるといってよいシステムの重要さに気が付いている文章にお目にかかることはきわめて少ない。物事を厚みをもって複雑に構成している複数のレイヤーを解明することで思考を深めるというプロセスが欠落してしまうのである。

例えば、世界の各地で起こる事故やテロなどの被害者に日本人が含まれていないとマスコミがニュースを流すのは日本人の自己中心的な視点からではなく、危機管理システムの視点からなのであり、日本人の関わり有無のアナウンスは外務省などに無駄な電話がかかってくるなどの危機管理プロセスの負荷を減らす手順なのだ。このように、社会全般の表面的現象の裏にはシステムが存在するということである。

例えば、多様な税金を我々は支払っているが、ほとんどの場合、確実に徴取されている。それが再現性を大事にする徴税システムである。それを支えているのはコンピューター・システムのみではない。帳票の作成、税務相談、滞納の取り立て等、人に依存する部分も大きい。そのシステムを稼働させるには多大なコストがかかっている。ちなみに、平成29年度の国税庁の予算は約7000億円である。

数年前に消費税増税に関して軽減税制導入の議論があったが、徴税システムへの負担の観点からは、どの商品を軽減税制の対象とするかを細かく決めるよりも、一定の低所得者に年間の食品購入費の消費税増税分に当たる金額を一律支払うほうが明らかにシステム変更のコストは安かっただけでなく格差に対する直接的な対策になったはずだが、そういう議論はあまりされなかった。

徴税だけでなく社会のいろいろな分野、日常生活を支えている電力、交通、上下水道、教育、警察、裁判、失業対策、そして高齢化社会の経営に重要な医療・介護や年金等、すべてをシステムが支えている。我々はシステムに囲まれ、支えられて生活しているのである。

このように、マネジメント、デザイン、システムの三つを新しい「常識」として身につけることができれば、物事を構築的、かつダイナミックに（時間軸を考慮して）考えることができるのである。それと同時に、新しい事象に直面した際、物事を表面的な浅い理解にとどまることなく、何段階か深く考える思考方法を身につけることができる。

日常生活の利便性に直接役に立つという実利をだけ考えているのではない。この三つの新しい「常識」は高度な思考に基づいた「学問」と高度なスキルに依存する「実学」のどちらが知的に高級かというような、これまで無意識に作り上げてきた思考のバリアーを取り除くことに役立つからだ。それだけでなく、「学問」の分野においても、この三つの「常識」を思考のプロセスにおける新たな視点を提供してくれる道具として活用する場合もありうるだろう。そして、より具体的な形で活用する状況も増えていく可能性もある。

最近、「学問」の「装置産業化」が進み始めている。それはハワイ島のマウナケア火山に並び立つ巨大な直径の望遠鏡を持つ天文台、ジュネーブ空港のそばの地下に存在する直径8キロメートルのLHC（Large Hadron Collider）などの装置が必要な天文学や素粒子物理学、医療におけるゲノム解析や創薬のためのスパコン、そして、今後は大量の情報を処理し活用することになるであろう経済学や歴史学、その他の社会科学なども「装置産業」化が進む可能性がある。東京大学の新しい中央図書館はその最新の例であろう。

そのような方向を企画し実現させるためのマネジメント能力をあらゆる分野の学者も要求されるようになるはずである。それはスバル望遠鏡を作るプロジェクトですでに経験したことだ。プロジェクト初期の企画段階においても、この三つの「常識」は活用されている。まず、いろいろな選択肢から必要な性能を満足させるだけでなく、効率的なマネジメントの観点からも望ましいものを選ぶことになる。そして、それを支える「装置」はシステム的にデザインされ組み立てられるのである。

もう一つ取り除かないといけないバリアーは、陳腐な区分けとわかっていながらつい使ってしまう「理系、文系」という発想である。ここで取り上げている三つの「常識」は理系でも文系でもない。分類システムの次元が違うのである。ハーバード大学では学部での専攻が何であってもデザイン・スクールに入ることができる。ここではデザインが「学問」ではなく「高度スキル」、あるいは、プロフェッショナル・スキルであると認識されているからだ。実際、デザイン・スクールには数学などやったこともなく、サイン・コサインを知らない、いわゆる「文系」の学生も入ってくる。

ハーバードでは「学問」の分野の間でもかなり自由度があるようだ。カレッジで数学を専攻し、物理学で修士を取り、そして、経済学の博士号を目指すということが可能だ。東京大学では工学部卒の学生が法学部の大学院に入るのは至難の業である。筆者は建築学科を卒業し、設計事務所で建築のアプレンティスとしての修行のあと、ハーバード・デザイン・スクールでアーバン・デザインの修士号を得た。それは「学問」ではなく、プロフェッショナル・スキルというべき「実学」であった。

その過程で、アーバン・ロー（都市関連法）という法体系の分野があり、日本にはその分野が確立していないことを知った。それを組み立てる仕事をやりたいと思い、東京大学法学部に学士入学の可能性を確かめたが、経歴を説明すると門前払いであった。このような状況では自然科学であれ、社会科学であれ、「学問」と「高度スキル」の両方を身につけて新しい方向を追究する人材は育ちにくいのだが、その認識は広がっていない。

では、この三つの新しい「常識」である高度スキルを訓練する場所はどこなのであろうか。東京大学を含めて伝統的な大学は現在も「学問の府」であり、これまで述べたような高度スキルの重要性に対する認識がないため、当然、そのような機能を持った訓練を提供する場所は存在しない。

デザインを例にとってみても、建築の分野における国際的な大学のアクレディテーションでは最低六年の訓練プログラムが必要とされているが、東京大学の建築学科は二年である。マネジメント訓練を提供している多くのビジネス・スクールは通常二年のプログラムである。システムは思考方法としての習得はそれほど時間がかからないが、システム・デザイン能力の習得という意味では最低数年の訓練がいる。

それらの訓練と比較してみると、当然のことだが、東大ＥＭＰも実はそのような高度スキルを訓練する機能は持ちえないし、持っていない。東大ＥＭＰの六か月では三つの新しい「常識」を知識、技能、知恵の三拍子そろった形で訓練をするには短すぎるだけでなく、そのような訓練に集中するわけにはいかないため十分な時間を割くことはできない。しかし、この高度スキルの身体知的訓練という課題を避けて通るわけにはいかないと思う。

東大ＥＭＰに関して言えば、ポストＥＭＰをどう組み立てるかというより、期間の長いタイプのまったく新しい形の訓練プログラムをデザインする必要があるのかもしれない。そのあるべき姿を追究していくと、アメリカ発祥であるが、現在、世界中に広がり、必ずしも成功しているとは言えないビジネス・スクールを超える新しいコンセプトのプログラムを日本で発想し、作り出すことができる予感もある。

いずれにしても、十周年を機に、今後の東大ＥＭＰの発展形を考える必要があるが、三つの新しい「常識」を追究できる「場」として組み立てることができると、それは現在、世界のどこにおいてもやっていないのであり、東大ＥＭＰが目指している「唯一無二」の存在であることをより高め、強化することにつながるであろう。

# 第II部

# 存在の語り方

市川　裕
浅井祥仁
永井良三
小野塚知二
中島隆博

# 存在の語り方

中島隆博

存在は西洋哲学の核心的概念だと考えられてきた。そして、その強度に見合った概念を有さない東洋哲学は、異なる哲学もしくは哲学以前だとさえ考えられてきたのである。

ところが、近代になると存在をめぐって新たな思考が登場してくる。その典型がマルティン・ハイデガーであり、存在論的差異すなわち存在者と存在を区別し、存在者をあらしめる場としての存在を際立たせた。しかし、それは中世以来考えられてきた存在としての神の別名にすぎないのではないか。ハイデガーのカトリックへの傾倒を考えると、この疑問はあながち外れたものではない。しかし、重要なことは、創造主のような超-存在者として想定されるような神ではなく、人間のような存在者をあらしめる場としての存在に神を変換したことである。そして、それに伴って、人間を語る語り方もまた大きく変容し、「現存在」として特権的に存在への通路を有したものとされたのである。

こうした存在の語り方の変容（人間の語り方の変容）に対して、ユダヤ人哲学者のエマニュエル・レヴィナスはきわめて厳しい批判を行い、ハイデガーのような存在論は、存在の全体主義であるとして、そこからの離脱を思考した。それは、存在から存在者への離脱であって、場としての存在ではなく、他者のためにある主体の擁護に向かうものであった。その際レヴィナスは、ラビに伝承されていたユダヤ教に発想の源泉を求め、タルムードを読解しながら、たとえば「神よりもトーラー（律法）を愛す」という言い方で、トーラーを現代的に再解釈したのである。

20世紀後半は、こうしたレヴィナスに代表される、いわば「ユダヤ的転回」がなされた時代であり、ユダヤ教の伝統が新たに光をあてられ、思想の現場に登場した。とはいえ、実はそのなかでもユダヤ教とは何であるのかは、十分に理解されたわけではない。ユダヤ教の伝統に光をあてながら、それが今日においていかなる意味を有するのかを、わたしたちは繰り返し問う必要がある。それは、同時に、仏教、イスラームあるいはキリスト教における存在や戒律の語り方を問い直すことでもあるのだ。

ハイデガーやレヴィナスが20世紀の科学技術に大いなる関心を示していたことはよく知られている。ハイデガーが技術すなわちテクネーを、自然のエネルギーを開示させるところにその本質を見た一方、レヴィナスはユーリイ・A・ガガーリンの有人宇宙飛行に対して、ついに大地＝存在の繋縛から人間を解き放ったと考えていた。その重要な背景に、素粒子物理学に代表される物理学があることは言うまでもない。

素粒子物理学が問うのは、いわば存在者ではなく、それを成り立たしめている存在である。しかし、それは時間を問い直したハイデガーよりも危険な行為であって、時空概念それ自体の変容を前提にしている。それは、「ある」という様態を根底から問い直そうとしているのである。「なぜ無ではなく、何かがあるのか」と問うたのはゴッドフリード・ライプニッツであるが、現代の素粒子物理学は、その問いに抑圧されていた「無」にも迫ろうとする勢いである。「真空」へのアプローチや「質量」へのアプローチを見るだけでも、「現存在」すなわち「ここに存在すること」の意味を、まったく新しい仕方で問い直そうとしている。言い換えれば、存在者を可能にする場としての存在を科学の言語で追跡しているのである。

ここで重要なのは、「力」という概念であり、それに関係しているであろう「非対称性」もしくは「傾き」という概念である。一様であるだけでは「何かがある」ということはとうてい期待できない。そこには、何らかの「非対称性」（速度の、力の）が出現しなければならず、しかもそれは、きわめて深い偶然性の影を帯びている。ライプニッツであれば、「充足理由律」を語ることができたかもしれないが、いまではカンタン・メイヤスーのような「非理由律」を考えなければならないのである。こうした偶然の宇宙そして存在のあり方にどう迫るのか。数学という言語がその武器であるはずだが、それにしても「確率論」の洗練だけで迫ることができるのか。それとも、何らかの限界がこのプロジェクトに潜んでいるのだろうか。

さて、存在の語り方を考えるときに、もっとも悩ましいのが人間である。「人間原理」を口にしたくなるのはある意味当然なのかもしれない。日本の場合、近代西洋の学を導入したときに、もっとも重要な焦点となったのは、「人間」概念の変容である。

人は人間的になる存在者である。「仁」という東アジアに伝統的な概念の中心的な含意が、もしこういうものだとすれば、近代科学とりわけ近代医学は、理性すなわち計算する能力に基づく新たな人間観を導入した（数学と統計学に基づく）。それは、一種の認識論的な切断を、人間という存在者に対して行ったのである。しかし、この認識論的な切断は、エルヴィン・フォン・ベルツが述べるように、容易なものではなく、往々にして単なる接ぎ木に終わってしまい、根底的な人間観の変容にはなかなか至らなかったという見方も可能である。

とはいえ、ここで問いは反転する。はたして認識論的な切断は、西洋においても実は徹底的には遂行されなかったのではないのか。さらに言えば、こうした認識論的な切断の背景には、近代キリスト教的な神学がつきまとっていて、後者が捨て去られたもしくは忘却された場合には、前者もまた遂行されることがなくなったのではないのか。

その場合、近代日本の経験は、単なる接ぎ木に留まらないことになる。それは、新しい存在の語り方の発明であって、そこにおいて、伝統的な人間観も鍛え直され、また近代的な人間観も問い直されたのではないのだろうか。

以上のような論点を取りあげることで、存在の語り方を考え直すことの今日的意義を示すことができれば望蜀である。東大ＥＭＰというプロジェクトは、こうすることによって、日本の社会のあり方や知のあり方に光をあて直し、それによって来たるべき「新しい常識」とそれを支える「新しい概念」を提出しようとするものなのだ。

## はじめに

**中島**　まずは、こんなことを考えました。わたしは東京大学に入って哲学を学ぶのですが、そうすると西洋哲学というのは存在の哲学だと言われるわけです。存在についての探究、これが哲学の課題であると繰り返し言われました。とはいえ、わたしは専門が中国哲学なんですが、じゃあ、中国の哲学で存在に関する議論がどれだけあるのかというと、もちろんないわけじゃありませんが、少ないですね。西洋哲学で考えている存在とは、かなり違った形で思考を深めていると思っています。ですから、存在の哲学が哲学だとすると、東洋哲学は、哲学ではないもの、あるいは哲学以前のものである。こういう捉え方が、しばしばなされてきました。

しかし、20世紀の経験を通過していきますと、どうもそんな単純な考えではすまないいんじゃないかという議論が出てきました。特に20世紀後半においては、哲学思想の中ではユダヤ的転回と言われる現象が生じてきます。それは、それまでのヨーロッパを中心とした哲学に基づいた世界観に対する問い直しです。その中で、存在の哲学に対する大いなる反省が生じていきました。存在の哲学の典型がハイデガー[注1]というドイツの思想家です。彼は存在論を徹底的に探求していくわけなんですけれども、それがナチズムと、ある

[注1] マルティン・ハイデガー（Martin Heidegger, 1889-1976）ドイツの哲学者。キルケゴールやフッサールの影響のもと、アリストテレスやヘラクレイトスなどの古代ギリシア哲学の解釈などを通じて独自の存在論哲学を展開した。主な著作に『存在と時間』『ヒューマニズムについて』『形而上学入門』『技術への問い』などがある。

形で深く関与してしまったわけです。20世紀というのは戦争の世紀でもありますので、ナチズムのような考え方と結託してしまう存在の哲学、すなわち戦争の哲学をどうやって乗り越えていくのか。これが一つ大きな課題になっていったんだろうと思います。

日本にもハイデガー哲学を研究する人はたくさんいて、いまだに大人気です。ハイデガー関係の本はよく売れます。では、ハイデガーの存在論の背景に何があったのかというと、非常に強いカトリックへの信仰があったわけです。ある種のキリスト教と存在論が結びついていた、存在-神学だったわけです。そうなると、ハイデガーの後で、どういう形で、人間を語り直していけばいいのか。これが、大きな課題になります。存在論という形で、ある種の神学と結びついた人間観がナチズムに近づくとすれば、それを越えていく新しい人間観というのはどういうものであるのか。そういったことが問われたわけです。

エマニュエル・レヴィナス[注2]は、わたしが学生時代によく読んでいたユダヤ人の哲学者です。そして、今申し上げたようなハイデガー的な存在論を、非常に厳しく批判していきます。ハイデガーが、存在者から存在へという形で、存在を強調していくのに対して、レヴィナスは逆に、存在から存在者へが重要だと述べます。そういう言い方をすることによって、人間という存在者もしくは主体に、別の可能性を開こうとしたのです。強く言うならば、他者という概念を持ち出すことによって、もう一度人間を、他者のためにある

[注2] エマニュエル・レヴィナス（Emmanuel Lévinas, 1906-1995） フランスの哲学者。タルムードの研究などでも知られる。主な著作に『全体性と無限』『固有名』『実存から実存者へ』などがある。

存在者という形で再定義する。そういったことをやったと思うんです。

この大きな思想的な転回をするときに、レヴィナスはユダヤ教に発想の源を求めていきます。これは市川先生のご専門であるのですが、たとえばタルムードを読解しながら、「神よりもトーラー（律法）を愛す」という言い方で、トーラーというある種の掟を現代的にどう再解釈をしていけば新しい人間観、新しい存在者観を示すことができるのかを考えたわけです。もちろん、これは突然レヴィナスが登場して変わったというわけではなくて、背後にはやはり歴史の大きな文脈があります。ユダヤ人の歴史とりわけ近代の歴史がこの背景にあって、レヴィナスのような哲学者が登場することができたわけです。

ぜひ市川先生には、この背景も含めて、今ユダヤ教を考えることの意味は何であるのか、特に日本という社会で暮らしている人たちにとって、ユダヤ教を考えることの意味は何かというのを教えていただければと思っています。市川先生の『ユダヤ教の精神構造』（東京大学出版会、２００４年）を拝見すると、仏教徒との対比が非常にうまくなされています。今、その仏教にしても、あるいはわたしが専門にしている儒教でも、もう一度戒律というもの、あるいは礼（リチュアル）というものを再定義しなければいけないんじゃないか、と問われています。そうしないと現代社会における規範を考えることは難しいのではないか。こういった議論がかなり幅広く共有されていると思うのです。そうなりますと、ユダヤ教を通じてどのような形でわれわれが存在や存在者を語り直すことができるのか、あるいは律法を語り直すことができるのかは、現代的な問いにまっすぐつながります。そういったことを議論できればと思っています。

少しフェーズを変えますが、ハイデガーにしてもレヴィナスにしても、20世紀の科学技術にものすごく大きな関心を示していました。ハイデガーには技術論があって、ギリシャ語のテクネーが、自然を開示していく、自然が持っているエネルギーを開示していく、そのありようを見ていくわけです。もちろんハイデガーは、技術に対しては複雑な距離を取りますので、単純な肯定はしませんが、しかし現代の自然科学、そして科学技術というものが新しいフェーズを示しているということには気づいていました。

レヴィナスも同様の関心を示していて、たとえばガガーリン[注3]の有人宇宙飛行を見て、ついに人間は大地、存在としての大地から自らを切り離すことができたのではないか、新しい人間のありようが登場したのではないかということを、非常にポジティブに考えていました。これはやはり非常に面白い、科学技術に対する象徴的な理解の仕方だろうと思います。

浅井先生の『ヒッグス粒子の謎』（祥伝社新書、２０１２年）を拝読して、非常に面白いなと思ったのは、何かがあるとは、という素朴に見える問いを問い直して、じゃあ、「ある」ということを成り立たしめている場とは何なのか、あるいは、「ある」ということを可

［注3］ユーリイ・アレクセーエヴィチ・ガガーリン（Yuri Alekseyevich Gagarin, 1934–1968） 旧ソビエト連邦の軍人、パイロット、宇宙飛行士。１９６１年、世界初の有人宇宙飛行士としてボストーク１号に単身搭乗した。

能にしている時空概念それ自体が、素粒子物理の展開で大きく変わってきたんじゃないか、ということを考えられているわけです。

2016年はライプニッツ没後300周年だったわけですけども、300年前にそのライプニッツが、なぜ無ではなくて何かがあるのかという問いを問うていくわけです。そのときに、何かがあるということを一生懸命彼は論じようとして、たとえば充足理由律[注4]のようなことを論じていました。しかし、今の素粒子物理学の展開は、なにかもうその先に行っているような気がします。ライプニッツたちの問いのもとで抑圧されていた無というものに迫ろうとする勢いがあるのではないのか。浅井先生が論じられている真空の議論とか、質量の議論を拝見するだけでも、何かがあるということを、別な形で、科学の言語で表現されているのではないかという気がしています。

その議論の中で特に面白いと思ったのは、力という概念です。たぶんそれには非対称性と傾きという概念も関わっていると思いますが、何かこうモノが一様にあるというだけじゃなくて、そこに何らかの非対称性が出現することによって、ある場が形成されていく、というイメージですね。このイメージは非常に面白いと思います。その際に、深い偶然性の影がここには差しているんじゃないかという気がするんですね。ライプニッツ自身も、この偶然性の問題を、繰り返し、繰り返し考えていて、彼なりに非常に苦しむわけです。彼の場合は、最終的には神を持ち出すことによって、何とかこの偶然性の問題を切

[注4] 充足理由律（Principle of sufficient reason）「どんな出来事にも原因がある」「どんなことにも、そうであって、別様ではないことの、十分な理由がある」という原理。すなわち、どんな事実であっても、それに対して「なぜ」と問うたなら、必ず「なぜならば」という形の説明があるはずだ、という原理のこと。

り抜けようとしたと思います。

最近、科学と哲学の接点で議論をしている人たちが多くいるんですが、ここではメイヤスーという名前を挙げました。カンタン・メイヤスー[注5]というフランスの人です。彼はライプニッツのような充足理由律ではなくて、非理由律といった言い方をします。実は理由というのがないかもしれない、この世界がこのような形であることに関しては、ひょっとしたら理由がないのかもしれないということを言いだしているわけです。たとえば、われわれは普段生きているときに、ニュートン的な物理学がある程度機能している世界に住んでいるわけですけども、ひょっとしたらその原理が大きく変容したってかまわないかもしれないと考えます。なぜこの世界とそうじゃない世界があるのか。そのことに関して、偶然性という概念を武器に迫ろうとしているんですが、それはひょっとすると確率論を洗練していくだけではもはや迫れない地点ではないのか。なにか別のアプローチが必要なのではないのか。そんなことが、今や問われているわけです。

おそらく、素粒子物理学が構想する世界は、今申し上げたいくつかの概念を、実験に基づきながらより洗練しているのだろうと思います。限界に挑む素粒子物理学が、どのように存在や存在を超えるものを語っていくのかについて、伺うことができればと思います。

［注5］カンタン・メイヤスー（Quentin Meillassoux, 1967– ）フランスの哲学者。パリ第1大学で教鞭を執る。主な著作に『有限性の後で』などがある。

次のフェーズに入りましょう。やはり人間というのは悩ましいと思うんですね。このように存在の語り方が変わってきた場面で、どのようにもう一度、人間を取り上げていけばいいのか。これは本当に難しいと思うんです。今の宇宙物理学とかの議論を横目で拝見すると、たとえば人間原理[注6]みたいなことが出てきます。最初聞いたときは驚愕いたしました。しかし、そういったことまで言わないといけないようなことが、やはり宇宙に関してもあるわけです。そして、人間というのはさらに謎なわけです。いったい人間を、どう語り直したらいいのでしょうか。

ここで冒頭の問いに戻るんですが、東洋の哲学には、存在論、存在の哲学が十分には備わっていないと言われるわけです。それを別言すれば、近代西洋的な人間とは、どうも違うタイプの人間観が問われていたんじゃないか、ということですね。わたしは中国哲学を研究していますので、たとえば儒学の中にある仁という難解な概念を考えたりします。最近の論者が言っていることを踏まえますと、人は人間的になる存在者であり、仁はこのテーゼを導く概念なわけです。Human Becoming ですね。

それに対して、近代的な科学とか医学が前提にしている人間は、ちょっと違うタイプの存在者で、Human Being です。たとえば理性という概念がありますが、これはまさに計算する能力で、それに基づくような人間観があるわけです。永井先生の御論文「統計思考の歴史」の中に医学における統計学の話とか、数学の話が出てきますが、これは、東洋

[注6] 人間原理(anthropic principle) 物理学、特に宇宙論において、宇宙の構造の理由を人間の存在に求める考え方。「宇宙が人間に適しているのは、そうでなければ人間は宇宙を観測し得ないから」という論理。

が持っていた人間観に対して認識論的な切断をして、新しいタイプの近代西洋的な人間観を出してくるために、必要な装置だったのだろうと思うのです。ただ、ベルツ[注7]が述べたように、それは実はそんなに簡単なことではありません。単なる接ぎ木に終わってしまう可能性もあるかなと思うわけです。しかし、もう一度振り返って、東洋的な人間観ははたして克服すべきことなのか、あるいは違う角度から読み直すことができるのか。これが今の問いなんじゃないかと思います。

ヨーロッパやアメリカの哲学者と話をしていて感じるのですが、ひょっとするとわれわれが思っているような近代西洋的な人間観は、西洋においてすら、実は徹底的には遂行されたことはなかったんじゃないでしょうか。特に今日の、ある種のポスト世俗化の時代における宗教的な現象を見ていきますと、われわれが考えている近代西洋の明晰さとは何か違うものが、やはり西洋にもあるのではないでしょうか。これは20世紀のユダヤ的転回にも関わってくるのですが、西洋にも何かもう少し複雑なものがあるのではないでしょうか。

もしこのように考えることができれば、それを受容した日本の人間観にも、接ぎ木かどうかというのを越えて、もう少しポジティブな光を当てて論じることができるのではないでしょうか。とりわけ医学から見ていった場合に、日本の近代や現代の人間のあり方に関して、もう少し面白い議論ができるのではないか。そんなことを思っているわけな

[注7] エルヴィン・フォン・ベルツ（Erwin von Bälz, 1849–1913） ドイツ帝国の医師で、明治時代に日本に招かれたお雇い外国人のひとり。東京医学校および東京帝国大学で医学を教え、医学界の発展に尽くした。滞日は29年に及ぶ。

んです。こういう議論を通じて東大ＥＭＰ自身は、日本の社会とか知のあり方に光を当て直して、新しい常識とか新しい概念を発明しようとしていると思います。今日は、そういったものに少しでも寄与するようなことが議論できればいいなと思っています。

## ユダヤ思想とタルムード

**市川**　最初にレヴィナスのことを挙げてくださいましたが、わたし自身は哲学をやってきたわけではないので、哲学からのレヴィナス論というのを知りません。わたし自身がこれまでやってきたことを申し上げると、法学を勉強してから宗教学をやって、その中でユダヤ教に関心が出てきました。もともと旧約聖書を勉強し始めたんですけども、旧約聖書というのはキリスト教の呼び名ですから、伝統的にはキリスト教のもと西洋で学習されている。

西洋的ではない聖書の読み方というのはユダヤ人がずっとやってきて、それはレヴィナスまでもずっと来ている。わたしは、主にタルムードという、イエスが出てきた後のユダヤ人の聖典解釈のところを中心に研究していました。そうすると、キリスト教とはどうも違う感じがしていたんですね。レヴィナスがタルムードを取り上げて、それを現代的な視点から解釈していた。それはナチズムに対するユダヤ人としての反抗というのもあったと思うんですけども、思想的にはハイデガーに対する批判ということで、同じ現象学でもアプローチが違っていた。

少し歴史のことを言いますと、レヴィナスはリトアニア出身の人です。リトアニアというのは、実は19世紀にタルムードの学問が花開いた場所です。リトアニアでは、ユダヤ教の律法に対する再解釈というか、律法をよみがえらせるような研究をやっていました。

そこで大事なのはラビという、いわゆるユダヤ人の賢者たちが、枠にとらわれない発想をするということです。レヴィナス自身はもともとそういう学問をやっていたわけじゃないのですが、戦争でリトアニアにいる自分の親族が全部殺された後に、終戦後間もなくリトアニア出身のラビに付いてタルムードを3年か4年、学習します。これはすごいことで、ユダヤ人たちが行ってきた、自分たちの思考を壊していきながら、新しくつくり替えるという思考を、レヴィナス自身がまさに弟子としてその師匠に付いて学習しているということです。ユダヤ教の伝統の中には、そういう新しさがあるんじゃないかと思います。

**中島**　壊していくものというのは、どういうイメージなのですか?

**市川**　レヴィナスが付いたシュシャーニというラビなんですけども、この人は放浪のラビとも言われていて、場所を決めないで、あちこち行っている人です。数学もできるし、物理学もできるし、言葉は何カ国語もしゃべるという、いわゆる宗教的な賢者という枠を超えて、ある種ルネサンス的な知識を持っている人です。しかも既成の概念も壊していくということですね。それを弟子にやらせる。そうすると弟子も、それまで自分が考えていた、蓄積した学問の体系自体を壊される。そういうインパクトを持っている人だったみたいです。それがあって、たぶんレヴィナスは自分の哲学にそういうものを取り入れて、つくり直しているんじゃないかと思います。

**中島**　そうですね。

**市川**　レヴィナスの表現で言うと、ヨーロッパというのはギリシャの学問がずっと影響していて、存在中心、あるいは人間中心である。それに対してユダヤの思想というのは、それとは違うものである。自分がやっているのはヘブライズムというか、ユダイズムのものの考え方を説くんだ、と。だから、今生きているユダヤ人も、自分のルーツであるユダヤと、その思想を結びつけたものを持っていなきゃいけないということを言っている。

ずっと歴史を見ていきますと、ちょうど古代のイエスが生きていた時代のパレスチナは、完全にギリシャの文化圏になっていました。アレクサンドロス以来のギリシャの影響をすごく受けていたんですね。アレクサンドリアのフィロンのように、プラトンの教えを聖書の理解・解釈に応用するような形で、ギリシャ的な思考がユダヤ人の中に入っていったのです。ところが、その後、ユダヤ人はそういうギリシャ的なものを、ある種拒絶して自分たちの世界をつくっていきます。そのつくっていったときの成果が、実はタルムードという形で出てきたのです。ですから、タルムードというテキストは、古代のテキストなんですけれども、それはギリシャ哲学・思想との衝突を経た後のユダヤ的なものの形なんですね。それをたぶん、レヴィナスはすごく意識していると思うんです。ユダイズムのルーツは、そこに行くという感じですね。

それを一言で言うと、聖書の言葉で印象的な言葉がありますが、存在に関しては預言者の言葉の中に「主の言葉がある、あった」という、そういう形で預言が始まるんです。それは「ある」という言葉をすごく強調して言っている。いきなり、その「神の言葉がある」という体系を出して語りだす。だから人間中心じゃなくて、つねに超越的な存在からの言葉があって、それに人間はどう立ち向かうのか、向き合うのかという形を、もう最初からとっている。ユダヤ思想というのは、その神の言葉の解釈であって、その解釈に従って実践したりするわけです。それがずっと現代まで続いてきている。最初に神の言葉がある。そこから始まっているような感じですね。

**中島** ギリシャ的な光の哲学とよく言いますよね。存在に基づいた光の哲学に対して、ユダヤ思想はどっちかというと言葉ということですよね。存在に対する言葉の優位。

**市川** 見るじゃなくて、聞くというほう。

**中島** 聞く、ですよね。光じゃなくて音ですね。

**市川** タルムードの中にすごく印象的な教えがあるんです。それは学問をやっている人が陥りやすいことを、突っついているような気がするんですけども、「4つの事柄に思いを凝らす人は、この世に生まれてこないほうが良かった」という教えです。4つの事柄というのは、上には何があるか、下には何があるか、前には何があるか、後ろには何があるか、ということなんです。

**中島**　なるほど。

**市川**　上というのは天上界、天の世界です。今で言えば形而上の世界。下というのは死後の世界。死んだ後、人間がどうなるのか。前というのは、ずっと過去に戻っていくと、結局、創造、クリエーション、天地創造の前はどうだったかという発想になります。後ろというのは、世の終わり。例えば前というのは、最初のギリシャ哲学はアルケーとは何かという自然学から始まっていますが、まさにそれのことになるわけです。後ろは、世の終わりのエスカトロジーになる。上は神の領域、人間不可知の領域ですし、下というのも、死んだ後のことで実はわからない。そういうところばかりを考えている人というのは、何のために生きているんだという問題になります。じゃあ、生きている人はどうするのかというと、そこには神の言葉が下っているから、それに従って生きるというのが人間です。もちろん、ユダヤ人に与えられた責務というのは、その神の言葉に従って生きていくことだという。そういう、神の言葉があるということと、その未知の世界ですよね。

**中島**　その2つを切断していこうとするのですね。

**市川**　ユダヤ人はそういう不可知の領域にすごく関心を持っているわけです、実際には。

でも、そればかりに思いを凝らすと、神の言葉をないがしろにする恐れがある。現世の戒律を守らない者は神の尊厳をないがしろにするという発想で押しとどめようとするわけですね。それがタルムードの思想の中、言葉の中に出てくるんです。それ以降、ユダヤ人は、しばらくはギリシャ的なそういう不可知の領域の探究のことをあまり論じていない。中世になってイスラームがちょうどギリシャ思想を取り込んでいくと、そのイスラーム圏に住んでいる多くのユダヤ人は、その影響を受けて哲学を始めたり、科学をやったりして、優れた業績が出てくる。でもやっぱりその中心は、あくまで神の言葉に従って生きるということ。それを外さない限りは、そういう学問は許されるわけです。そういう形でずっと来ているわけですね。だから、はじめに神の言葉があって、それに常に向き合うという形でずっと来ている。

**永井**　7~8世紀のイスラーム世界にはかなり自由な思想があったのに、次第に運命論的になったと言われています。イスラーム世界に住んでいたユダヤ人は、そうした思想とどのように関わっていたのでしょうか?

**市川**　イスラームは思想的には結構狭くなって限定がされますけど、ユダヤ人は行いと思想はわけておいて、発想は自由にさせます。行動に関してはユダヤ教の法規範があって、それに従ってその枠内で行動する限りは、どんなことを言っても構わない。死んだ後のことは、そんなに関心はないですね。

**中島**　どうなんでしょう。その後にユダヤ神秘主義というのがあるじゃないですか。なかなか壮大な体系ですね。

**市川**　神秘主義は、それは20世紀になるまで、ユダヤ教の中では決して哲学のような、あるいはイスラーム哲学のような形での神秘哲学は発展していないんです。ごく限られた一部の思想家たちだけがサークルをつくってやっているだけです。その後、多少そういう動きもあって、現代の神秘思想家からすると、そういう神秘思想というのは、ずっとユダヤ法の世界をその裏側から支えるような形で現代まで来ていたんだという神秘主義解釈もあります。むしろ、いまはそちらが主流になってきていますけれども、表立った形で学派をつくって何か大々的に哲学やそういう思想を論じて、人々がそれに心を惑わされるということはなかったんです。

## タルムードという営み

**中島**　おそらく、これは現代的な問題に関わってくると思うんですが、律法というか戒律、神の言葉としての戒律を守っていくことが、いったん近代において批判されていったと思うんですよね。ところが、もう一度それが今問い直されて、回復されていく。そういうフェーズに入っているように思うんです。たとえば中国で言うと、儒学的な戒律、特に礼に象徴されるものは、もう徹底的に弾圧されるわけです。それは封建的であって、後進的であるからこそ、それを捨てて社会をつくり直さなきゃいけない。こういうプレッシャーを受けたわけです。ところが、今はそれに対する見直しが進んでいます。

市川先生のお話だと、ユダヤ社会は律法を守っていくことを中心に置いています。あまり形而上学的なものに、あるいは神秘思想に行かない形で、律法がユダヤの社会をずっと支えているんだという理解ですよね。それに対するチャレンジというのは、外からはなかったのでしょうか。

**市川** もちろん内側からもありますし、最初はスピノザ[注8]ですね。ちょうどヨーロッパと同じように神の啓示、神から人間に対して言葉が下りてくるとか、そういう啓示というのをだんだん否定するようになりました。最初は自然神学と啓示神学というのは、啓示のほうが上だったのが、ほぼ内容は同じだと、理性で処理して、そういう啓示みたいなものは、もう人間の理解を超えたものだから排除しちゃって、理性だけですぐ解決するような仕方というのが、ずっとヨーロッパ近代に広がったと思うんです。

だから、そういう形で否定はしているけれども、実際には超越の世界はあるわけです。これは別に古代イスラエルに限らず、どこでもそういう理性を超えたものとしての言葉とか存在というのを考えざるを得ないと思うんです。実際、近代に至ったときに多くの哲学者が理性によってすべてを切り刻むということになると、超越的なものは学問の対

[注8] バルーフ・デ・スピノザ（Baruch De Spinoza, 1632-1677） オランダの哲学者。デカルト、ライプニッツと並ぶ17世紀近世合理主義哲学者として知られる。主な著作に『エチカ』『知性改善論』などがある。

象でなくなってしまう。でも、それは人間がそれを排除しただけであって、それがなくなったわけじゃない。それをどう考えるか。

**中島**　酒鬼薔薇聖斗事件のときに、なぜ人を殺してはいけないのかというのが、かなり深い問いとして共有されていきましたよね。いろんな方がいろんな答えをそこに出していこうとしたのですけど、決定打は特になかった。たまたまわたしはそのときにレヴィナスを読んでいると、彼にタルムード読解というのがあって、なぜ人を殺してはいけないのか、それはトーラーに書いてあるからだと非常に明快な答えをしていたわけです。

**小野塚**　そこにはやっぱり2つの極があるような気がするんです。今の市川先生の話も、神の言葉に従って生きるということには、一方では超越者、絶対者としての神の言葉を尊重するという極と、他方では生きるという実践、あるいは実際的な側面というのがありますよね。両方の極を持っていないと、ユダヤの発想というのは成り立たないですよね。

**市川**　そうですね。

**小野塚**　非常に高度の実践性というのでしょうか、戒律に書いてあることもそうです。個々の事柄に即して書いてあるわけです。でも他方で絶対者の言葉がある。それは受け止めなくちゃいけないわけですよね。

**市川**　まさにその実際に生きている世界で、あるいはいろんな時代をいろんな場所で生きて、いろんなことが起こるわけですけども、それと神の教えというのを常に関わらせる形で、どう振る舞ったらいいかというのを考えていく営み自身が、タルムードという営みなのです。

**中島**　別々じゃない。

**市川**　神の教えにすべて従っていくというような感じではなくて。

**小野塚**　その場合は、神の言葉は常に再解釈されうるものとして受け止められているわけですね。

**市川**　そうです。最初は文字で書かれていますけども、その後ユダヤ教を発展させるのは、文字に書かれていない教えなんです。それは時代によって、また地域によって変えてよいということです。ただし、神の言葉からは逸脱しないようにという形です。いつもそうなのです。

**浅井**　でも、その再解釈できて文字にないものというのは、イメージとしてどういうものですか。倫理観というものでもないですよね。

**市川**　実際には、今はいろんな形で法典化されています。中世に、イスラームの影響もあるんですけども、法学がすごく発展していって、法典のような形ができてきます。ただし、実際には完全にそれに従っているようではない。それぞれの地域の慣習も取り入れたりしています。

**浅井**　最初にそれが、神の言葉、十戒かもしれませんけども、生まれたのはどういう経緯だったのでしょうか。

**市川**　それは難しい、よくわからない。ある時期にもうすでにテキスト化されていますから。

**浅井**　わたしは『十戒』という映画しか知らないですけども、神の言葉がどういう経緯で人間のもとに形成されていったのか。たぶんそこがわからないと、わたしたち自然科学者はちょっとピンと来ないのです。

**市川**　実際それはある段階で、ある状況の中で、何百年か蓄積されたテキストを集めて編纂されているんです。それがモーセ五書になって、その後に預言書の方ができる。だから、それは人間がずっと蓄積していっている。

**浅井**　ある意味、生きていくための英知になるわけですね。

**市川**　じゃあ、実際にどういう形で神の言葉は下ったのかというのはわからないですけど、エゼキエル[注9]という預言者のときに出てくるのは、最初に言葉があったということ。あるいは天が開けて神の言葉があったという、そういうような言い方をする。それを信じるしかないわけです。ただ、偽預言者というのがたくさん出てくるので、偽か本物かという識別は古代のイスラエル人はやっていました。

元へ戻ると、最終的にはモーセに行くわけですけども、じゃあ、モーセはどういう形で神から教えを受けたのか。そこはわからないですから、テキストの中でそれを探るしか

［注9］旧約聖書に登場する紀元前6世紀頃のバビロン捕囚時代におけるユダヤ人の預言者。

ない。面白い箇所があって、モーセは人々に神のお告げを聞くための天幕を造らせる。その天幕ができて、その中にモーセが入っていったときに、神が言った言葉という記述があります。民数記[注10]7：89によると、「モーセは、神が彼に語る声を聞いた」という言葉が出てくるんです。それを、実はユダヤ人のテキストでは読み方を変えていて、「神が自らに語っている声を聞いた」というふうになる。

**浅井**　独り言だったんですか？

**市川**　だから、それは人間がしゃべっている声じゃないんですよ。

**浅井**　人間じゃない？

**市川**　つまり神が自らに語る声を聞いたという。

**小野塚**　それはすごいですね。

**市川**　それは耳に聞こえている声じゃないかもしれないし、モーセの頭の中で何かあったのかもしれない。人と人がしゃべっているのとも違う。

**中島**　でも、それは人間とか人類にとって、ある種の普遍的な経験の形という気もするんですよね。

**市川**　そうだと思います。

**中島**　たとえば中国のことを考えてみると、「聖人」というじゃないですか。聖人君子の聖人。聖という字は、もともと聞くという言葉を含んでいます。耳ざとく、何かを聞く

［注10］旧約聖書中の一書で、伝統的に4番目に置かれてきた。モーセ五書のうちの一書。イスラエルの民の人口調査に関する記述があることから、七十人訳聖書では『アリスモイ』（数）と呼ばれ、そこから民数記という名称が生まれた。

人なんです。その聖人に、経書という経典がひも付けられていくわけです。だから、どの社会でも、ある種のCanonization、経典化というプロセスが生じていって、あるテキストが非常に神聖なものにされていく。そういうときに必ず聞く人が鍵を握っていて、その経典化が進められていくわけです。ここには、何か人間のある種の普遍的な経験の構造というのがあると思うんです。それは最初におっしゃった、やっぱり見るという経験よりも聞くという経験が、人間にとってより深い経験なのかもしれないということも関係している気もします。

わたしは聞いていて、あっと思ったのは、イスラームのいろんな議論がある中で、イスラーム法学者という言い方をしますよね。決して神学者じゃないじゃないですか。

**市川** 神学者もいるんですけど。

**中島** でもメインは法学者ですよね。つまりテキストをどう解釈していくのか。解釈学の中心は法学である。市川先生ご自身は法学から進まれたということなんですが、やっぱりユダヤ教の中でも、神学よりも法学というのが、より重きを置かれているわけですよね。

**市川** そうです。

**中島** われわれがキリスト教に対して考えるような神学とは、イメージがだいぶ違うわけです。そのあたりはいかがでしょうか。

**市川**　神学の体系化がされないんですね。ユダヤ教だと、振舞いとアイデアというのは2つに分かれていて、要するに振舞いに関してはユダヤ法が重要になっている。でも、思考に関しては、これはアガダーというジャンルがあって、法、振舞い、行為規範以外のすべての営みを、そこに押し込めちゃうんです。だから哲学的な議論も、あるいは知恵のような逸話も、賢者たちのしゃべったこととか、説教とか、あるいは聖書解釈というのは皆、説話というジャンルに入っていて、そこで自由にやってもよろしいという感じになっているんです。

だから、哲学的にこれが正しい議論で、これは間違っているとか、そういう形の構築はされていない。だから、ユダヤ文化の中では、哲学者というステータスはなかったですね。哲学的素養のあるラビもいるし、芸術的な素養のあるラビもいるし、法学的にすごく議論の上手なラビもいるという形で、あくまで神の言葉を判断する人である。それが知識人というか、賢者なわけです。ユダヤ的な賢者。

**中島**　それを逆に言うと、ギリシャに生じた哲学とか、哲学者というあり方が非常に特殊だということですね。それが中世のヨーロッパに入って神学とくっついていく。非常に独特な発展を、哲学と神学はキリスト教世界でしていくというふうにも言えるわけです。

**市川**　イスラームはその影響も受けますので、イスラームの場合はジャンル別に分かれているんですよ。イスラーム法学者、イスラーム哲学者、それから伝承を伝える人とか神学者とか、そういう形ですでに職業として分かれている。でもユダヤ人は、Sages という、要するに賢者というジャンルの中に、哲学をやる人もいるし、神秘主義をやる人もいるし、説教の上手な人もいる。そういう知識の形がずっと続いていくんです。

**中島**　もう一つ伺いたいのは、それが20世紀以降において、どのような意味を新たにもう一度持ってきたとお考えなのでしょうか?

**市川**　西ヨーロッパ、要するに、特にヨーロッパの学問の影響を受ける世界では、そのままその世界に入っていって、ある意味ではユダヤ教の伝統は廃れる。東ヨーロッパでは逆にそれが残って、さらに磨きを掛けた。レヴィナスはその地域出身で、なおかつ、東から西へ行き、ホロコーストの後に、またもう一回東へ行く。東の賢者に、実際に弟子入りしたような形で、師資相承を受ける。それはちょっと言葉にはならない、ある種の知的な体験をしているんじゃないかと思います。

**中島**　それはいったいどういうことなのでしょうね。ユダヤ社会において、アメリカも含めて、それは決してジェネラルな経験ではないですよね。相当特殊な経験です。

**市川**　ただ、タルムードの学問がその経験を担保しています。タルムードというのはずっと2人で学習する形式です。テキスト自体もそういう問答です。そういう問答をするというのが、知識の型になっているんじゃないか。それが別に宗教者にならなくても、訓練を受けると、つまりつねに相手の言葉に対して反論をする。あるいは新たに問いをぶつける。そういう形のディベートというか、その訓練をすごくやっているみたいなんです。そういう学校があります。イェシヴァというタルムード学校があって、若いときに言葉も暗記するし、議論の仕方を学ぶ。相手の言っていることに対してつねに問いで投げ掛ける。

**中島**　市川先生も経験されたんですか?

**市川**　いや、していないです。話に聞いていたり、そういう学校を見学したりはしますけども、実際に自分が誰かと1対1でやるということは、したことはないですね。

**浅井**　この問答というのは、ある意味、東洋でもありますよね。聞くというものにつながるのかなと思って聞いていたんですけど。何で目からの情報じゃなくて、耳からの情報なのかなということを、今ずっと考えていたんです。

**市川**　たとえばギリシャ哲学も問答に一応はなっています。

**小野塚**　そうですね。

**中島**　ディアレクティケー。

**市川**　ただ、内容を見ると、正しい意見とそうじゃない意見というのはわかっちゃうじゃないですか。

**浅井**　わかりますね。

**市川**　というか、決まっていることじゃないですか。ソクラテスが言っていることは正しいという。そうじゃなくて、つまりどちらも相手を説得するために議論をしているということなんです。答えがあるわけじゃない。

**小野塚**　なるほど。

**市川**　そういう問答は、あまりないと思うんです。

**小野塚**　それは禅問答とも違う。

**市川**　違います。

**小野塚**　あるいはブッダとその弟子たちの問答。

**浅井**　「ミリンダ王の問い」[注11]とか、いろんなものがありますよね。

**市川**　もうちょっと法学的な意味での根拠が、たとえば聖書の言葉に根拠を戻らなきゃいけないとか、いくつか原則があります。高度に発達した、独自の法解釈学といえます。

**小野塚**　言葉のゲームとして規則があるわけですね。

**市川**　説得をしなきゃいけないんですね。すべて聖書から始まったユダヤ教の伝統の中に出てくる言葉を用いながら、自分が言った主張を論証するというのでしょうか。相手の理性に訴えて、自分の言っていることがいかに首尾一貫しているかということです。

**中島**　それを伺っていると、中国の礼の学問、礼学というんですけど、それにもやはり経典があります。経典も実は相互に矛盾したりしているんですが、その矛盾をも利用しな

[注11] Milinda Pañha（ミリンダ・パンハ） 仏典として伝えられるものの一つであり、紀元前2世紀後半、アフガニスタン・インド北部を支配したギリシャ人であるインド・グリーク朝の王メナンドロス1世と、比丘ナーガセーナ（那先）の問答を記録したもの。

がら問いを立てて議論していくという形式があるんですね。どちらかというとそちらに近いかもしれませんね。

## 人間の理性をどう扱うのか

**永井**　前から疑問に思っていたのですが、キリスト教思想では、神の理性から人間の理性を次第に重視するようになりました。この点を、ユダヤ教はどのように対応したのですか？　もし神が「上下前後を語るな」ということになると、人間の理性は現れにくいと思いますが。

**市川**　たとえば、具体的な話ですが、十戒があったとして、安息日を守れというのがあります。安息日には、すべての仕事をしてはいけない。もしギリシャ人だったら、仕事とは何かといって、哲学的な議論をするかもしれない。ユダヤ教はもっと具体的で、じゃあ、仕事というのは聖書でどこに、どういうふうに描かれているかといって、モーセ五書の神の教えを見る。そうすると、ある箇所に、神の天幕を造るときに、「天幕を造りなさい。しかし安息日は守りなさい」という、並んで出てくる箇所があって、そこを根拠にして解釈する。安息日の仕事というのは天幕を造る仕事だ。じゃあ、天幕を造る仕事って、具体的に何なのかということを問うていく。そのときに今度は、何種類の仕事があるのかということが問われ、むち打ちの回数を持ってきて、むち打ちは39回までというふうに決まっているというんですね。そうすると、一つの罪に対してむちひとつとなって、39の仕事、分類があるはずだと。

**中島**　なるほど。

**市川**　これを、天幕造りと39という二つの条件から、実際にどういう仕事があるか勘定をしたみたいなんです。その結果出てきたのは、実は大きくわけて四つの仕事なんです。ひとつはパンをつくる仕事。土を耕して、種をまいて、刈り取って、それをふるいに掛けてという、この仕事が全部で13種類。そのひとつひとつが安息日にしてはいけない仕事になっている。

もうひとつは、衣服を作る仕事。これは羊を飼って、羊の毛を刈って、それで糸にして、編んでいく。それをやっていくと11種類になる。それからもうひとつは家を造ることで、6種類ある。

**中島**　衣食住ですね。

**市川**　そうなんですよ。プラス、書物をつくる。

**中島**　書物をつくる。それは東京大学出版会的には具合が悪いですね（笑）。

**市川**　鹿狩りをして、皮を剝いで、羊皮紙を作るんです。その羊皮紙をつくる工程が九つある。それらを全部合わせると39になっているんです。これを主たる仕事、あるいは、仕事の第1カテゴリーと定める。安息日は神聖なものにしなきゃいけないんだけども、そのためには仕事をしてはいけない。というと、仕事って何だろうと。これは人間が生きていくためにやっている仕事になる。衣食住プラス書物。しかし安息日だけは、神のために取っておきなさい。その日だけは、仕事をするなということになるわけです。そうすると、それは哲学していないことにはならない。ユダヤ的には哲学しているんですよ、たぶん。つまり、人間が生きていくためにしなきゃいけない仕事はあるんだけども、安息日は神のために取っておけと。ではその日に何をするかは、それはまた考えなきゃいけないですよね。ただ、怠惰に過ごしていいわけじゃない。それは、神が聖なる日にしたということとは、何か普段とは違うことをしなきゃいけないかもしれない。仕事をしない代わりに何をするのか。

**中島**　何をするんですか？

**市川**　そこで出てきたのが、神の教えをシナゴーグ[注12]で朗読して、みんながそれを聞き、説教をして、お祈りをするということです。

**中島**　それは、書物に関わってしまうんじゃないですか。

**市川**　いえ、読んでもいいんです。文字に書いてはいけない。2文字書いてはいけない。2文字消してはいけない。

**浅井**　1文字はいいんですか？

［注12］シナゴーグ（synagogue）　ギリシャ語のシュナゴゲー（集会所）に由来するユダヤ教の会堂のこと。

**市川**　1文字はいいんです。そういう、じゃあ、何で2なんだというのは、なにか議論があったと思いますけども、そういう具体的な行為規範をつくっていくわけです。ユダヤ教は、存在のカテゴリーを聖典から導いて論じてきた、と言えるのではないでしょうか。

**中島**　永井先生の問いは、わたしはかなり大事なものだと思っています。これはナチズムの問題にも関わってくるんですが、アドルノ[注13]たちが問うたのは、まさに神の理性から人間の理性へと移ったこととその帰結です。これがひょっとするとナチズムにとって大きな原因になったんじゃないか。そうすると近代的な人間の理性自体を根底的に問い直さないと、また再びナチズムに陥るんじゃないか、というわけですよね。そうすると、ユダヤ教のほうから、この人間の理性をどう扱っていくのかというのは案外大事な問いのように思うんですが。

**市川**　そうですね。

**中島**　それに対してレスポンスというのはあるんでしょうか？

**市川**　それは、はじめに神の言葉があるということですね。

**中島**　やっぱり人間ではなくて神なんだということですかね。

**市川**　それとつねに、理性という枠で、人間とは何かという問題と捉える。

**中島**　近代の西洋の特徴は、ある種の世俗主義だと思うんです。政教分離とよく言いますけれども、人間の領域が確立したかのように議論をしたわけです。宗教的なものが周

［注13］テオドール・ルートヴィヒ・アドルノ＝ヴィーゼングルント（Theodor Ludwig Adorno-Wiesengrund, 1903-1969）ドイツの哲学者、社会学者、音楽評論家、作曲家。フランクフルト学派の中心人物。主な著作に『否定弁証法』『権威主義的パーソナリティ』『啓蒙の弁証法――哲学的断想』（ホルクハイマーとの共著）などがある。

辺化していく。あるいは、それを内面の問題に落とし込んでいく。こういう手続きを経ていったと思うんですけども、それでも背後で、ある種のプロテスタンティズム的なもの、あるいはキリスト教的なものが、ずっと機能し続けていたとわたしは思っているんです。

このプロセスはナチズムにある種極まったわけですけども、その後に、じゃあどうするかというのはなかなかの難問です。もう一度、世俗主義を考え直さなきゃいけないんじゃないのかというのが、いまの大きな流れだと思うんです。ポスト世俗化において、単純に、以前の宗教的なものを復活させればいいのか、それとも違う形で宗教的なものを定義し直すのがいいのか。こういった議論がいろいろなされているわけです。

今の市川先生のお話を伺うと、ユダヤ教の観点からすると、神と人間のあいだの、少し緊張はあるかもしれないけど、やり取り、対話を忘れてしまうと非常に具合が悪いので、それは維持しましょうということになりますよね。それはすごく伝統的なことでもあるけれども、今の目から見るとある意味新しい宗教との関係をつくることになるように聞こえるんですが、そのあたりいかがでしょうか。

**市川**　そう思います。昔は人間理性だけの世界はなかったわけです。今は、人間理性があって、なおかつ、それに異を唱える形で伝統を復活させていくという流れだと思うんです。ただ、それに対してはやっぱり、単に過去に戻るだけではないかと思う人もいる。

**中島**　そういう批判もありますよね。

**市川**　だから、いろんな考え方が出てくるわけですけども、それはあってもいいし、当然のことだと思うんですけども。

**小野塚**　その理性主義とか啓蒙主義、近代のヨーロッパの啓蒙主義もそうだと思うんですが、そういうのを経た後に世俗化というのが進んでいきますけれども、ユダヤの考え方でモーセが神の天幕に入って神の言葉を聞く、その言葉を聞くというときの言葉というのは、もうすでにテキストになっているんですか。それとも、それはやっぱり霊的な体験、神秘的な体験として聞いたというふうに考えるんですか。

**市川**　それはいろんな意見があって、わからないわけです。問題は、じゃあ、それで預言が終わってしまったのかという議論が一方であります。

**小野塚**　なるほど。新たな預言がまたなされるかどうかですね。

**市川**　ええ。もう預言は終わって、あとはもうテキストの解釈だという形に、ユダヤ教の中心的な考え方は従っていて、そこに口伝の教えというのがある。結局、人間同士が議論しているものが口伝の教えになっている。

**小野塚**　なるほど。預言は結局テキストにしないと預言にならないわけですよね。

**市川**　そうです。

**小野塚**　霊的な体験をしただけではダメで、だから常に言葉にしていくというのが、ユダヤの発想の根源にある。

**市川**　ずっと残してきたわけです。ただ、じゃあ、もう預言は終わったから、過去に編纂されたテキストだけが神の教えで、それ以降はないのかどうかということは問題ですね。そこで神秘主義が出てくるんです。

**小野塚**　それはイスラームでもキリスト教でも同じ経験をするわけですよね。テキストだけでがんじがらめにやっていこうとすると、どこかでそれを突破する力として霊的体験というのに目覚める人々がそれぞれの時代に登場しますね。

**中島**　イスラームはけっこう激しくありますよね。イランには新しい預言者がよく登場して弾圧されました。

**市川**　その新しい啓示が、元の規範を壊すのかどうかというところで、大きな議論があります。つまり、モーセに与えられた規範は、もうそれで変わらないんだというのがユダヤの立場なんです。それをひっくり返そうとするメシアが出てきて、今までのはもう過去の預言であって、今からは新しい神の教えがあるんだというふうにして、過去を否定する考え方も出てきたんですけども、それは一応ユダヤ社会では抑えられました。シャブタイ・ツヴィ[注14]のメシア運動というのが17世紀にあったんですけども、それがひとつの例です。

あと、ハシディズム[注15]というのも、これは新しい神の啓示の始まりだというふうにブー[注16]

[注14] シャブタイ・ツヴィ（Sabbatai Zevi, 1626–1676）近代ユダヤ民族史にもっとも影響を及ぼした偽メシアとして知られるユダヤ人。彼を救世主と信じた集団は「シャブタイ派」（サバタイ派（Sabbatian））と呼ばれ、急進的なメシアニズム（救世主待望論）を掲げた。

[注15] 有徳で思いやりのある行動であることを意味するヘブライ語「ヘセド」に起源を持つ「敬虔な者」（ハーシード chāsīdh, chosid）という言葉に由来する、超正統派（ハレディーム、Haredim）のユダヤ教運動のこと。

[注16] マルティン・ブーバー（Martin Buber, 1878–1965）オーストリア出身のユダヤ系宗教哲学者、社会学者。著書に『我と汝』『かくれた神』などがある。

バーは捉えた。そうすると、新しい宗教になる可能性があるんです。ただ、ユダヤ教の主流、そのハシディズムの人たち自身も、結局ユダヤの戒律はそのまま守っていって、ユダヤ教の中での新しい発想という形でとどまったのです。だから、ブーバーの説は、ユダヤ人は受け入れないということです。

**中島**　難しいですよね。20世紀後半のユダヤ的転回の中で、メシア的なものという言葉が、繰り返し、繰り返し、出てくるようになりました。新しいメシアというのを議論するようになったと思うんです。そのこと自体の意味というのが、問われてもいいかもしれません。もちろん、イスラームの中でも、さまざまなメシアニズムが登場してはものすごく弾圧する。消していくのですけれども、消されないで残っちゃうものもある。それはわれわれ人間の経験に、刻み込まれているような気がするんです。でも、この預言が終わったのかという問いとともに、このメシア的なものというのも面白い重要な問いですよね。

**市川**　歴史的に言うと、預言が止まったというふうに解釈したのは、ヘレニズム[注17]が入ってきた後なんですよ。

**中島**　なるほど。

**市川**　時代が大きく変わったという意識は、すごくあったと思うんです。逆に言うと、四つの未知の世界への探求というのは、そこから始まったと思います。アルケー[注18]の学もそう

[注17]　ヘレニズム（Hellenism）「ギリシア風の文化」を意味する。古代ギリシア人が自らを英雄ヘレンの子孫という意味の「ヘレネス」と呼び、その土地を「ヘラス」と言ったことによる。

[注18]　アルケー（arkhē）「はじめ、始源・原初・根源・原理・根拠」等のことであり、哲学用語としては「万物の根源」また「根源的原理」を指す。

だし、エスカトス[注19]もそうだし、いろんなギリシャの興味深い思想には、みんな魅了されますから。ユダヤ人が近代西欧に同化する時代も、同じことが起こっていると言えるでしょう。

**中島**　そうすると、存在の探求というのは、ユダヤの中でもなかなかチャーミングな問いになるわけですね。

**永井**　それは近代科学の成立にも関係するでしょうか。特にユダヤ人科学者が、物理学を始め多くの貢献をしてきました。その背景に、キリスト教とは違う精神的なバックボーンがあるのでしょうか。

**市川**　それは一概には言えないんじゃないかと思うんですけども、ユダヤ人の中でも出自が違います。どこの出身なのかというのもあるし、完全に西洋的な学問の世界だけやっている人もいます。無神論者と称する人もいる。

**中島**　たとえば、アインシュタインなんかどうなんですか?

**浅井**　アインシュタインなんて典型的な唯物論者ですよね。そういう意味では。

**市川**　わたしは、彼は無限の存在としての神を信じていたと思います。シオニズム[注20]もすごく支持していたし、今はすべてのアインシュタインの著作権は、ヘブライ大学に帰属していることになっているはずです。

[注19] 人間と世界の終末についての宗教思想。現世の悪に対して、世界の窮極的破滅、最後の審判、人類の復活、理想世界の実現などを説く。

[注20] シオニズム(Zionism) イスラエルの地(パレスチナ)に故郷を再建しよう、あるいはユダヤ教、ユダヤ・イディッシュ・イスラエル文化の復興運動(ルネサンス)を興そうとするユダヤ人の近代的運動。「シオン」(エルサレム市街の丘の名前)の地に帰るという意味。

## 「情報」――目で見えるものと見えないもの

**中島**　次に浅井先生のお話をお伺いしたいと思います。浅井先生の著書『ヒッグス粒子の謎』（祥伝社新書、２０１２年）を拝読して、面白いなと思ったのは、粒の物理学から入れ物の物理学へということを強調されていたところです。

**浅井**　そうですね。

**中島**　ヒッグス粒子にしても、ヒッグス場という言葉のほうがもっと大事なことなんだということをおっしゃっている。

**浅井**　そう、大事です。そういう意味で粒子という概念は、もたない。古典的なイメージから言うと、「粒という実体がある」というのは非常に気持ちのいいことなんですけども、ただ、それはもう観測には合わない。たとえば一番いい例が量子力学ですが、粒なのだから、ここを通ったという発想は、もう成立しないんです。

面白い話があります。たとえば、2つの二重のスリットに粒子を通すと、波だから干渉するのは当たり前だと思うかもしれませんけども、実はどちらを通ったかという情報を得た途端に、波という性質は消える。干渉が消えてしまうんです。粒という実体があるんだったら確実にどちらかを通るわけです。そうしたら両方通って起こる干渉というのは必ず起きないはずです。でも、干渉が起きる。そこまでは何となく不思議で、粒である実体と同時に波という実体があるのかなというふうに考えていれば良かったんです。漠然と昔はそういう発想だった。

昔はどうやって考えていたのか。なにかが通ったということを調べれば、その実体に影響を与えるはずだと。だから影響を与えられると消えるんだというような、ある種実体感があるような議論を、ハイゼンベルク［注21］とかの頃はやっていたんです。今から六、七十年前のものというのは、あくまでも絶対的な実存があるという発想でした。観測という効果を与えてしまうから変化が生じるとか、生じないとかいうのは、やっぱり実体感があったんです。ところが今、何がわかったかというと、今すごく発達しているレーザー技術を使って、どっちを通ったかというのを観測できるようになった。その観測した情報を見なかったら、観測したにもかかわらず、干渉は存在するんですよ。ということは何を意味しているかというと、観測したという行為自体は、実は何の影響も与えていない。

**中島**　そうか。

**浅井**　それを見たという情報を取ったときに、はじめて消えるんです。

**小野塚**　なるほど。

**浅井**　この実験結果を見たとき、わたしらは、何かすごいものを見てしまったというふうに思いました。きちんと追試をしなければならないし、いろんなクレームは付いていま

［注21］ヴェルナー・カール・ハイゼンベルク（Werner Karl Heisenberg, 1901-1976）ドイツの理論物理学者。行列力学と不確定性原理によって量子力学に絶大な貢献をした。主な著作に『自然科学的世界像』『部分と全体　私の生涯の偉大な出会いと対話』などがある。

す。しかし、何かこう、「粒みたいな何か実体がそこにいる」というようなイメージのものでは、もうすでになくなってきているのかなと思います。神の言葉じゃないですけれども、何かがいると考えて、それが目で見える実体としてとらえるのはもう時代遅れなのかなと、そのときは思いましたね。

それをわたしは情報だと考えています。1ビットという情報が正しいのかどうかわかりませんけれども、ビットという、ある意味「情報」なのかと。それは何か目で見えるものでは決してない。ただし、そこには知っている、知らないという、言葉じゃないですけれども、何かがあって、そこが自然を仕切っている気がします。でもアインシュタインは、それを最後まで受け入れなかった。量子力学的な描像を彼は決して受け入れなくて、それは、必ずわれわれの知覚が何らかの欠如をしているからだと、ずっと最後まで言い続けた。結局、そうではないことは実験で確かめられたのですが。

**中島**　ご著書の中でも、量子力学と相対性理論というのは、非常に仲が悪いと書かれています。

**浅井**　いまだにこれが、仲が悪くて。そこがたぶん、今からわれわれがやらなきゃならないことなんです。量子力学は、そういう意味で非常に不思議な学問です。それをわれわれの目で見える、体で感じることができる一般相対性理論と、体で感じることができない量子力学、それこそ本当に目で見えるものと目で見えないものを、どうやって結びつけていくのかというのを、やっぱりやらなきゃならない。

## できすぎている宇宙

**中島**　これはまさに、哲学の課題です。ハイデガーがすごかったのは何かというと、存在者と存在という区別を立ててるんですよね。粒とそうじゃないものですね。この粒じゃない存在というのは、存在者という粒があると消えちゃうというんです。だから摑めないというんです。みんなこれを忘れちゃう。

**浅井**　たとえば観測して何かがある、実存、存在だと思ってしまえば、確かにもう波としての性質が消えちゃうわけですね。じゃあ、この実存というものを考えないんだったら、波として存在しているというふうに考える。

**中島**　すごく面白いと思うのは、量子力学的な世界と、ご著書でも議論されていますけど、物に質量があるわれわれの世界がどうつながるのかというのが、やっぱり一番の魅力だと思うんです。

**浅井**　つなぎ方は、まだわからないですね。たとえば、このわれわれがわかる、感覚的にわかる重力の話だとか、一般相対性理論だとか、そういうものを考えたときに、この宇宙を説明しようとすると、何て言うんでしょうかね、先ほどの人間原理じゃないですけれども、そういう観測者を入れない限り、説明しようがないんですね。普通にナイーブに考えると、こんな宇宙はできているはずないんですよ。わたしらは、それを言っちゃおしまいだよ、と言っているんですけども。一番の問題は何かというと、量子力学という、ある意味普遍的な学問があって、それと、今われわれが住んでいる世界を直接体験することができる一般相対性理論の世界を結ぶときには、やはり人間原理みたいなものを導入して、観測者というのを入れていかなきゃいけない。

**中島**　やっぱり、よくでき過ぎているわけですね。

**浅井**　宇宙は本当にでき過ぎています。1998年ぐらいまでは、この宇宙も人間の理性ですべて説明できるだろうという驕りがあったんです。ところが、1998年にはじめて宇宙のダークエネルギー[注22]というのが見つかった。宇宙が曲がっていたら、すごく住みにくいんですよ。宇宙が平ら（フラット）だから、われわれはこんなに気持ち良く生きていられるんですが、こんなに平らな宇宙ができるということ自身が、すごく不思議なことなんです。それを説明するために、佐藤勝彦[注23]先生などがインフレーション理論[注24]をつくったんです。そのインフレーションを実現させてくれているものが、ヒッグス場のような実に不思議なものです。そんなものが今も宇宙の大部分を占めていて、それが暗黒エネルギーと呼ばれているものなのです。そういう暗黒エネルギーまで入れて、この宇宙が限りなく平らなんだというのが、ほぼ今から20年前にわかった。人間の理性ですべて解決

[注22]　ダークエネルギー（dark energy）　暗黒エネルギーともいう。宇宙の加速膨張を引き起こすもとになる未知のエネルギー。宇宙のエネルギーの約72％を占めるとされる。さまざまな観測事実から、その存在は確かだと考えられているが、正体は明らかになっていない。

[注23]　佐藤勝彦（さとう かつひこ、1945-）　日本の宇宙物理学者。専門は宇宙論。インフレーション宇宙論の提唱者として知られる。主な著作に『新しい宇宙の探究』『アインシュタインの宇宙　最新宇宙学と謎の「宇宙項」』などがある。

[注24]　初期の宇宙が指数関数的な急膨張（インフレーション）を引き起こしたという、初期宇宙の進化モデル。ビッグバン理論のいくつかの問題を一挙に解決するとされる。インフレーション宇宙論などとも呼ばれる。この理論

されるべきものだというのが、今からまだ20年前までの物理学だったんですけども、そこで変わった。初めてそれを説明しようと思うと、やはり人間の理性では説明できないものがあるんじゃないかというふうに考えられるようになってきた。

## 確率と偶然性

**中島**　わたしは、これは本当に素人なのでよくわからないんですが、量子力学の議論を見ていると、ある種の確率論に基づいているというじゃないですか。でも本当にそうなのかという疑問がある。確率論といったって、ある系があって、そこで確率を論じるのはわかるけれども、でも、その系自体を問うているときに、確率というのは効くのかなと。

**浅井**　おっしゃられるとおりです。本当に確率というものが定義できるのかという問題があります。まさしくおっしゃられるとおりあって、その確率を定義しようと思うと、じゃあ、確率というのは足すと全部1にならなきゃならないのですから、1になっていない確率の部分は一体どうなっているのかという問題がある。

**中島**　そうですよね。

**浅井**　科学者が、つい最近まで口にしちゃいけない単語の一つに、多世界宇宙という概念があるのですが、そういう概念でも導入しない限り、確率論で宇宙というのは説明できな

は、1981年に佐藤勝彦、次いでアラン・グースによって提唱された。

い。量子力学は確率ですと簡単に口で言ってしまいますけれども、じゃあ、本当に確率だけでいいのか。実際、われわれが知っている確率であることは間違いないんです。他に知らない、われわれの無知ゆえに確率のように見えているのではないということは実験的に確立されています。ＥＰＲパラドックスと言われて[注25]、アインシュタインはどうしてもそれを受け入れたくなかったから、われわれが無知だから、人間の知性の知らないものがあって、それをわれわれが観測できていないから、あたかも確率に従っているように見えているだけだというふうな発想をしたんですけども、それは今は実験的には否定されています。

だから、もう確実に確率としてふらついちゃっているわけです。でも、「ふらついている」と、言葉で言うとわかりやすいですけれども、じゃあ、観測していないとき、この確率というのはどうなっているのか？　それまで考えて初めて確率になるわけなので、そこまで入れると、より深刻なことになってしまいます。

もう一つ、ヒッグス粒子というのがいるということは、何かが詰まっているということです。空っぽじゃない。だからこそ質量を持ったり、いろんなことをしてくれる。じゃあ、そういうモノがここにいるということは、膨大なエネルギーを持っているところにわれわれが住んでいるはずなんですよね。だけど、それは何らわれわれの生活には影響は与えない。もちろん質量を与えるという形では影響を与えているんですけども、宇宙に

［注25］アインシュタイン＝ポドルスキー＝ローゼンのパラドックス（頭文字をとってＥＰＲパラドックスとも呼ばれる）。量子力学の量子もつれ状態が局所性を（ある意味で）破るので、相対性理論と両立しないのではないかというパラドックスのこと。

は影響を与えていない。だからヒッグスというのは不思議で、ミクロには影響を与えているけれど、マクロには影響を与えていない。暗黒エネルギーというのは逆で、ミクロには影響を与えていないんだけど、マクロには影響を与えている。そういうすごく変なものが2つ存在しているということが、実験でわかっちゃった。ある意味、だからミクロとマクロをどう融合していくかということになるんですけども、そういう意味では、もうちんぷんかんぷんな世界になってしまっている。

だからこそ、人間原理みたいなことを言う。それはある意味、わたしは人間の理性の放棄なんだと思っています。人間の理性の放棄というのは、われわれも含めた自然科学の今までの営みからは、ある意味それは受け入れ難いことの一つなんです。でもそれを入れないと説明できないくらい不思議な世界に来ちゃっている。そういう意味では、確率の話と一緒で、宇宙というのはいっぱいあって、われわれの住んでいる宇宙というのは、その$10^{500}$個（10のあとに0が500個も並ぶほど無茶苦茶大きな数字）のうちの一つに過ぎなくて、他の宇宙というのは、もう全部できてもすぐ消えちゃっているという。でも、それと、さきほど言った量子力学の確率というものと、どういうふうに結び付けていくのかというのは、まだ分からない話です。そういう意味ではすごく、もう説明のしようがない状況にわれわれは陥っています。科学者はそんな状況がたまらなく楽しいのですが。

**中島**　去年、UCバークレーの野村泰紀[注26]先生と対談をさせてもらったんですね。マルチ

［注26］野村泰紀（のむら やすのり、1974‐）日本の物理学者。専門は素粒子論、宇宙論。現在、カリフォルニア大学バークレー校教授、バークレー理論物理学センター長。東京大学カブリ数物連携宇宙研究機構主任研究員。著作に『マルチバース宇宙論──私たちはなぜ〈この宇宙〉にいるのか』がある。

バースを研究する先生で、衝撃的に面白かったのです。その際わたしが話をしたのが、ライプニッツのことでした。ライプニッツの中に可能世界論というのがあって、別にマルチバース論と同じわけじゃないのですけども、世界というのは別の仕方であってもかまわないことを想定しています。これはよく考えると、非常に不思議な考えだと思います。ライプニッツの場合は、なおも神を何としても擁護したかったわけですから、複数ありうる可能世界の中で、この世界を神は最善のものとして選んだという形で擁護しました。しかし、それは実はかなり不安な議論であって、ひょっとしたら宇宙は本当に複数あるのかもしれないという想像力が横溢しそうになっています。たぶん、ものすごく根源的な深淵を覗いていたと思うんです。つまり、非常にラディカルな偶然性がこの世界をつくっているんじゃないかという深淵です。でも、それでは説明し切れないので、神を持ち出すしかなかった。それでも、ライプニッツの神は、非常に不思議な神だったという気がしています。それは、確固たる秩序を与える神ではなく、偶然性に晒された神です。

今わたしたちは現代科学の論理に従っているわけですから、さきほどおっしゃった人間原理以上の神を持ち出したところで仕方がないとは思いますが、神といっても単純ではないことを少し補足しておきたいと思います。そうしますと、浅井先生たちの分野で、たとえば今確率論の話を少ししましたけども、偶然性に関してはどういうことになっているんでしょうか。非常にラディカルな偶然性、もしくは濃度の違う偶然性というのがあるのでしょうか。別の言い方をすると、さいころの目がどういう確率で出るのかという偶然性とは、なにか違うタイプの偶然性をお考えになっているのかどうか、ですね。というのも、この世界がこういう形であるということ自体は、想像を超えた偶然性ですよね。それは、さいころの目の一つが出るというのとは違うじゃないですか。

**浅井** たとえば、じゃあ、さいころを振って1が出る世界と、今たまたまわたしがさいころを振ったときに1が出るのと6が出るのというのは、われわれ普通の言葉で言うと、確率6分の1ずつで、別に何の不思議もない。足して1にならなきゃ駄目ですから、そうすると何が起こっているかというと、本当にこれが量子力学だとすると、足して残りの6分の5の世界はどうなっているのか？ どうなったのか？ という問題が起きる。

**中島** できないですよね。足して1にならない。

**浅井** だから、足して1にならない確率を、確率と普通は簡単に言っちゃっていて、われわれは何も考えずに、その波動関数というものを単に足して1になるように規格化しているだけなんです。じゃあ、残りの世界というのは、どうなっているのかというのは、もうそれは本当にわからない。だからそういう意味では、量子力学というのは、われわれにとっては、今道具以上のことは問い掛けられないですね。ファイマン[注27]が量子力学の哲学を問うな「just calculate」と言っていたそうです。

**中島** よく宇宙は数学の言葉でできているといいますが、数学はこのときに何か役に立

[注27] リチャード・フィリップス・ファインマン（Richard Phillips Feynman, 1918–1988）アメリカの物理学者。経路積分や素粒子の反応を図示化したファインマン・ダイアグラムの発案でも知られる。1965年、量子電磁力学の発展に大きく寄与したことにより、ジュリアン・S・シュウィンガーや朝永振一郎と共にノーベル物理学賞を共同受賞。カリフォルニア工科大学時代の講義内容をもとにした物理学の教科書『ファインマン物理学』や『ご冗談でしょう、ファインマンさん』などの著作は世界的に著名。

つのでしょうか?

**浅井**　わたしは、実はそこは多少ネガティブです。本当にわたしたちの知っている数学と、神様が知っている数学が、本当に一緒かというのはわからないわけです。たとえば、昔はユークリッド幾何しか知らなかったわけですが、非ユークリッド幾何を発見することができたから神様に一歩近づいたんです。じゃあ、本当にわれわれはすべての数学を知っているのかということに対しては、わたしは今の段階では決してすべてではないと思っています。だから、たとえば超弦理論[注28]を研究する人たちが、数学的に正しいことは真実だ、というような言い方をすることに対しては、わたしはちょっとネガティブです。

**小野塚**　それは自然科学のそういう先端の分野で、普遍的なわれわれの認識のあり方が一義的には決まらないというようなことでしょうか。

**浅井**　それはそうだと思います。

**小野塚**　そうすると、仮にわれわれみたいな人類とは違う宇宙人がいたとして、彼らのたとえば素粒子物理学というのは、われわれとは全然違う記述をしている可能性があるということになりますか?

**浅井**　それは2つあると思います。たとえばわれわれの宇宙に住んでいる宇宙人だったら、基本的には数学的なフォマリズム（表現の仕方）は違っても、結局は同じ素粒子物理学の記述になると思います。われわれは決してすべてを知っているわけじゃなくて、ある

[注28] 超弦理論（superstring theory）　物理学の理論、仮説の1つ。物質の基本的単位を、大きさが無限に小さな0次元の点粒子ではなく、1次元の拡がりを持つ弦であると考える弦理論に、超対称性という考えを加え、拡張したもの。超ひも理論、スーパーストリング理論とも呼ばれる。

エネルギーより低いところの現象を近似的に表す素粒子物理学を知っているだけです。究極の形は一緒になるかもしれませんけども、どこまでのエネルギーより下の近似形の形は違う形で書かれています。それは単に言葉として焼き直す、数学の言葉として焼き直せば同じものになるはずです。

**中島**　変換可能だと。

**浅井**　われわれは究極なものに、決して到達しているわけでも何でもない。だからある意味、自然の近似的な姿を知っている。そういう意味で、先ほどの中島先生の言葉じゃないですけども、神がいて、それを解釈しているだけですよね。その解釈が決して究極のレベルには達していない。われわれはそのレベルというのをエネルギーで表現するんですけれども、宇宙が誕生したレベルのエネルギーまで決して理解しているわけじゃない。われわれは、宇宙ができて大体$10^{-10}$秒後（0.0000000001秒後）より後の世界のことしか知らない。それより前のことは知りません。ただ、そこより後のことだったらたぶん違う数学の言葉を使って生きている宇宙人がいたとして、それはトランスレーション可能だと思います。お互い数学の言葉をちゃんとトランスレートする。

ただし、もう一つの可能性。さっき言ったマルチバースみたいに、われわれと違う宇宙に住んでいる宇宙人たちだったとすると、たとえば本当に質量一つとっても変わります。たとえばｕクォークとｄクォークと宇宙をつくっているクォークの質量がほんの少し違って、なおかつdクォークのほうがちょっとだけ重かったから、われわれの宇宙がある。でも、uクォークとdクォークの質量をどうやって決めているのかということについては、もうわからない。おそらく原理原則はないんじゃないかと思います。だからマルチバースの別の宇宙に住んでいる宇宙人は違う質量になり、全く違う自然法則になる。そうすると何が起こっているかというと、偶然が本当に支配している。その偶然の支配の可能性というのは、超弦理論の人たちの話によると$10^{500}$個あるというんですよ。$10^{500}$個って言われたら、それはまあ、わたしのような実験屋さんは、もうやってても仕方がないというか（笑）。

## 情報と位相

**中島**　浅井先生は、情報なんだ、ビットなんだということを最初におっしゃったじゃないですか。つまり存在という形、実体を中心とする存在というようには、もう語れなくて、情報、ビットとして語るほうがいいということなんですが、それを翻訳すれば、情報とかビットというのはある種の文字、すなわちエクリチュールの問題だと思うんですね。そういったところまで現代の物理学が行っちゃっているということに、わたしは非常に感動を覚えています。ある意味で現代哲学も、存在の後、何を語るのかというときに、先ほどは言葉とおっしゃいましたけど、ある種のエクリチュール、文の問題を考えています。たぶんここにしかチャンスはないのだろうと思って探究しているわけなんです。ただ、お話を伺っているうちに、どうも現代物理学が考えている世界は、もっと実は恐ろしいという気がしてきました。今日伺ってみたかったのは、そういうアルシ・エクリチュール、原エクリチュールみたいな世界において、その情報とかビットというのが、どういう形でエネルギーとか力と結びつくのか、ということです。最近の浅井先生は、ある大きなエネルギーを与えた場合に、どういうぶつかり合いで、どんな偏差が生じていくのかを観測されているわけですよね。

**浅井**　たとえば磁場というのはわれわれの目で見えるじゃないですか。それは何でかというと、濃い所と薄い所があるからなんです。だけども、このヒッグス場とか何とかというのは何が困るかというと、濃い所と薄い所がないんですよ。宇宙に全体に一様なわけなんです。それを、じゃあ、どうやって見つけるのか。もう、唯一の手段としては、それにエネルギーを与えて励起させるしかない。そこの段階で、もうすでに物理学になっていて、哲学から随分離れちゃっている。

でも素粒子に働く力というのは何なのかを考えると、なかなか面白い。これは「情報」だとは思うんです。実感として力というのは、何かに直接触れて働くもののような印象がありますけども、素粒子に働く力は実体に直接触れているわけではない。実はその粒子が持っている、これはある意味での情報だと思うんですけども、波としての性質に作用するんですね。波というのは何かというと、振幅と位相という概念があって、位相はサインカーブの$\theta$（$\sin\theta$）に当たるやつです。実は力というのは何をしているかというと、その位相に作用しているんです。決して実体に働いているわけでも何でもなくて。

**中島**　なるほど。

**浅井**　だから、その位相というのが量子力学の肝なんです。その位相が何かというのは、よくわからない。私は恐らく、いつかは情報と結びついていくんじゃないかなと思っています。

一番いい例が、これは実験的にあるんですけれども、磁場のない所でも磁場を感じるんです。粒子として電子を考えます。電子があって、磁石の中で磁場をかけると何かが作用する。磁場が作用する実体のような気がしていますけども、磁場が決して作用しているわけではない。ベクトルポテンシャルというものです。ベクトルポテンシャルがあると磁場や電場ができます。ベクトルポテンシャルがあるけど、磁場が無いような場所もつくれます。そこに電子をおいても、磁場がある時のように動くのです。電子が持っている量子力学としての性質の波の位相の部分に磁場でなくてベクトルポテンシャルが作用しているのが力だという実験をやりました。これはもう亡くなられましたけど、日立時代の外村彰[注29]先生がやったものです。世界で一番美しい実験とも言われました。私は、

［注29］外村 彰（とのむら あきら、1942–2012）日本の物理学者。文化功労者。電子線の干渉による顕微鏡像を得る「電子線ホログラフィ」で先駆的な業績を挙げ、世界で初めて実用化に成功した。また量子力学の導入的説明で用いられる題材の「二重スリットの電子の通過」の追試も行った。

必ず授業のときにはその話をするようにしているんです。

力というのは本当に不思議で、何かに直接作用しているわけではなくて、そういう量子力学の位相に作用している。じゃあ、この量子力学の位相というのは何か？　われわれは数学的に、それは単に複素数という形で表して扱っているのですけども、複素数とは何かというと、それはわれわれが知らない物体が持っている情報なんですよね。だからそれが干渉を起こしたり、何かをしている。

マクスウェルの悪魔[注30]という話なんですけれども、たとえばここに分子が1つあるとします。この分子が何かにぶつかったら、押して仕事をすることができます。箱があって、そこに1つ分子がいたと思ったら、そこにぱっと仕切りを入れます。仕切りを入れて、こっちにいた時にはこうぶつかったらこう引っ張ったほうが仕事になります。だから、こっちにいるとわかった時、わかったということは、情報です。わかった時に、こっち側に重りを付けますというふうにする。こっちにいるとわかった時に、こっちに重りを付けますという。どこにいるかという情報を使うことによって、仕事をすることができて、実はこれは、エネルギー保存しなくなっちゃうんです。それがちょうどボルツマン係数[注31]の log 2 という、まさしく1ビットの情報なんです。だから、そのエネルギーも何かというと、最後は情報になるんです。

この例は情報をエネルギーとしても取り出すことができる例です。そういう意味で、

[注30]　マクスウェルの悪魔（Maxwell's demon）　スコットランドの物理学者マクスウェルが1871年に著した著作の中に登場させた架空の魔物。気体を入れた容器内の隔壁につけられた小さな扉を開閉して、速度の大きい分子と小さい分子とを選り分けて通過させると、隔壁の両側で温度差を生じさせることができるというもの。熱力学の第二法則が多くの分子の関わる統計的法則であることを示すのに用いた。

[注31]　ボルツマン定数（Boltzmann constant）　分子1個あたりの気体定数。すなわち気体定数をアボガドロ数で割った普遍定数。統計力学の分野において重要な貢献をしたオーストリアの物理学者ルートヴィッヒ・ボルツマンにちなんで名付けられた。通常は記号 $k$ が用いられる。特に Boltzmann の頭文字を添えて $k_B$ で表されることもある。

わたしは最後は、きっと「情報」の学問になってくるんだろうなと思います。もちろん今普通に使われている情報という意味ではないですけれども。

**永井**　医療は、そういう量子力学的な世界と違う現実にいるように思うのですが、例のシュレーディンガーの猫[注32]ですね。ああいう経験は実際にあるのです。たとえば、外来で予約されていた患者さんをお呼びして、その方のカルテを見て準備します。そこに入ってきたのは奥様で、実は主人は2週間前に亡くなりましたと。わたしの中では、ご主人は直前まで大きく存在していますが、告げられた途端に急激に何かが縮むのです。こうした経験は日常的にあることですね。

**中島**　なるほど。

**永井**　病気の状態も時々刻々変わるし、患者さんをめぐる状況や患者さんの考え方も変わる。さまざまな情報がダイナミックに変動し、ときに干渉し合うこともあります。診療には統計や確率の考え方が多く入っていますから、量子力学の話は身近に感じることがあります。

**浅井**　人間の頭の中では、そういう意味では、死んだ人も存在できていて、生きているわけですよね。

**永井**　存在もしているし、われわれを動かすわけです。その方が診察室に来られたら何を聞こうか、処方をどうしようかとか、行動を起こしているわけです。それが亡くなられ

[注32]　シュレーディンガーの猫（Schrödinger's cat）　オーストリアの物理学者、シュレーディンガーが考案した量子力学に関する思考実験。ラジウムがα粒子を放出すると毒ガスが発生する装置を猫とともに箱に収め、α崩壊の半減期を経過した後に猫の生死を問うもの。半減期を迎えた時点でラジウム原子核が崩壊してα粒子を放出する確率は50%であり、量子力学的には崩壊していない状態と崩壊している状態は1対1の重ね合わせの状態にある。一方、これを猫の生死と結びつけると、生きている状態と死んでいる状態を1対1の比率で重ね合わせた状態にあると解釈される。量子力学的な効果を巨視的な現象に結びつける際に生じる奇妙さを指摘したものとして知られる。（小学館「デジタル大辞泉」より）

たという情報によって急激に変化する。不思議な経験ですが、考えてみると似たようなことは日常的によくあることですね。情報によって存在感が変わる経験です。

## 「鬼神」を語ってしまうような世界

**中島**　いや、まさにそのデーモンとおっしゃったことが象徴的だと思っていて、特に中国哲学なんかをやっていると、いろんな幽霊論があります。現代のヨーロッパでも実は Hauntology、haunt つまり取り憑くという意味での憑依《ひょうい》学と言うんでしょうか、けっこう真面目に議論されている。でも、それは何か本当に幽霊がいて、取り憑くとかじゃなくて、何かこう、ある種の情報の問題だと思うんです。なにかが取り憑いている状態があり、それを知るということによって、それが消えるというのがあるじゃないですか。

これがかなり普遍的な人間の経験の構造だろうというふうにとらえられている。そうすると、昔よく議論されていた幽霊論とか、中国では鬼神論というんですけど、それをもう一回読み直すとどうなるんだろうと思いますね。人間がものを知るという精神の働きを、ある形で実は言っていたことなんじゃないか。今、永井先生がおっしゃったようなことは、われわれの経験の構造にあると思うんですよ。決してそれはオカルト的なことかではたぶんなくて、ごくごく普通のことだと思うんです。

**小野塚**　それは、われわれが物語の世界に生きているということを表しているような気がします。歴史学では、Linguistic Turn、言語論的転回というのを30年ぐらい前に経験しました。言語が人間の認識のあり方も、それからわれわれが観測している存在のあり方も、根底的に規定しているんじゃないのか。こういう発想があったのです。もちろん、それはその後、いろんな展開がありましたが、ともかくも、われわれは実を言うと、物語でもって物事を見ているし、存在を察知しているというのか、覚知している。たとえばオーソン・ウェルズ[注33]の「宇宙戦争」[注34]における火星人来襲みたいな、ああいう物語の中でも人々はまさに火星人が来たと思って大騒ぎして、移動しているわけです。その物語の構造がどこかで壊れると、ところがこれはうそである、作り物であるということがわかった途端に、火星人はいなくなるわけです。

われわれはそういうふうに、物語の中で実は生きている。それが先ほどの市川先生のお話の中でも度々出てくる、神の言葉というテキストとして、われわれは世界を聞いているわけです。語られるものとして。決して見ているんじゃないし、触っているのでもない。今の浅井先生の現代物理学のお話を聞いていると、現代物理学とSF小説というのは、互いに追いかけっこをしているような感じがしました。

**浅井**　もう本当に何て言うんですかね、たぶん、人知の及ばないところがゴールなのかなという気はしています。最近年を取ったからかもしれませんけど、若い時はこんなこと

[注33] ジョージ・オーソン・ウェルズ（George Orson Welles, 1915-1985）アメリカの映画監督、脚本家、俳優。代表作に『市民ケーン』『オーソン・ウェルズのオセロ』などがある。

[注34]「宇宙戦争」（The War of the Worlds）オーソン・ウェルズが、H・G・ウェルズのSF小説『宇宙戦争』をラジオ番組化したもの。1938年10月30日にハロウィン特別番組として、アメリカのラジオ番組「マーキュリー放送劇場（The Mercury Theatre on the Air）」で放送された。番組は、音楽中継の途中に突如として臨時ニュースとして火星人の侵略が報じられるという体裁になっており、物語の舞台は番組が放送されたアメリカに実在する地名に改変されていた。この生放送によって多くの聴取者は実際の火星人侵略が進行中であると信じ、パニックを起こした。

は絶対思わなかったですね。必ず人間の理性ですべてが解決できるはずだ、と。宇宙なんていうのも、原理原則があって今こうなっているに違いない、と。観測が簡単だった頃は、人間はそういう理想を持っていた。しかし、科学技術の進展、たとえばレーザーの発達によって、昔はGedankenexperimentといって思考実験でしかできなかったことが、今、本当にできるようになってきました。それがやっぱり量子力学の持っている本当の気持ち悪さにつながっている。やればやるほど、実験技術が進んだおかげで、見れば見るほど、気持ち悪いものとしてある。それこそ本当に鬼神を語ってしまうような世界になってきちゃっているんですね。

**中島**　すごいことですよね。

**浅井**　「鬼神語らず」が科学のポリシーだったのが、そういう意味で科学は孔子様ではなくなってきているんです。

**小野塚**　実験をしたり観測したりすることによって、むしろ単純な理性では認識できないようなことがある。

**浅井**　できないようなことになってきていることは確かですね。

**小野塚**　かつてわれわれは、ずっと昔から物語という形でもって、人間の世界を離れたものを語ってきたわけですよね。まさに神の言葉を聞くことによって。あるいは言葉を誰かが紡ぎ出すことによって。どうもその物語というのが人間を規定しているのか、それとも人間が物語を規定しているのかわかりませんけれども、物語の持っているなにかその規定的な力というのを感じますね。

**浅井**　そこには人間と物語が必ず相互作用しているのだろうな。どっちも。

**小野塚**　そうですね。

**浅井**　どっちかが規定して、どっちかがあるんじゃなくて、さっきの神の言葉も、やっぱり神という絶対者がいるんじゃなくて、長い人間の生活の営みの中から出てきた知恵であると同時に、やっぱりそこに何らかのメカニズムがある。単に経験だけでは語れないもの、霊的なものと言っていいのかどうかは、科学者として言っていいのかどうかわかりませんけれども。

**小野塚**　中島敦[注35]の「文字禍」に、「書かれなかったことは、なかったこと」だとある。だけど、書かれなかったことが、実験や観測の技術が進んじゃうと、どんどん書かれちゃうようになるわけですよね。書かれると、途端にそれが気持ち悪いものでも存在することになるわけですね。

**浅井**　確かに、わたしも中島敦の「文字禍」を読んだときに、これはまさしく量子力学だなと思いました。しかし、ないものは本当に影響を与えないのかということですね。

**小野塚**　わたしは、いつも大学院生の人たちには言うんだけども、歴史学の最前線というのは、史料があるかないかで決まるんじゃない。史料がないところまで、少しわれわれ

[注35] 中島 敦（なかじま あつし、1909-1942）日本の小説家。代表作に「山月記」「李陵」などがある。

は踏み込めるんだ、と。でも、史料のないずっと奥は、何があったのかはわからない。だけど、史料がある世界と史料のない世界の境界のちょっと先ぐらいまでのことは、歴史学はわかるはずだ。これまでの歴史学は実証主義といって、史料によって、史料の言葉でもって証明できることしか語っちゃいけないという、非常に厳格な規則を課してきた。そうすると、面白い歴史が描けなくなってくるんですね。

**浅井**　ここが、やっぱり塩野七生が面白い理由ですよね。

**小野塚**　まさにそうなんです。森鷗外も「歴史離れ」という言葉を使っているんだけども、そこで言っているのは、史料から少し離れて、その前線のちょっと向こう側を語らないと、本当に人が知りたいと思う歴史が書けない。

**中島**　中島敦の発想の一つになったのが、中国の古代神話だと思うんです。文字の発明に関する神話があって、文字が発明されて何が起きたかというと、天から粟、穀物ですね、それが降ってくる、と。と同時に、鬼神が夜泣いたというんです。文字は、そういう二つのまったく異なる働きをしていきました。われわれは、そういう文字の手前や先というのを、言葉とともに生きてしまっているところがあります。それが現代の最先端の量子力学の世界に、なにかけっこう触れ合ってしまっているところが面白いという気がしますね。

**市川**　わたしは中国の渾沌《こんとん》という話が好きなんです。目とか鼻とか口とか、7つ、そんなに穴を開けていったら渾沌は死んじゃったという話です。人間の理性が何かを明らかにするためには道具が必要で、理性がいろいろ道具を利用して、理解できたような形で切り刻んでいくわけですけども、それで見失われるものがあるんじゃないかという。

**中島**　渾沌というのは『荘子』[注36]の中にあって、それ以外では『山海経』[注37]にも出てくるんです。

渾沌って何かというと、人を迎え入れる、歓待する神様なんです。同時に『山海経』での渾沌は、踊る神様なんです。ひょっとしたら、宇宙は踊っていたのか。それが穴を開けられて人間になると死んじゃうという、なかなか象徴的です。

**浅井**　わたしはまだ諦めてはいませんけどね。人間の理性ですべてが解決できるという発想は。

**小野塚**　だから渾沌の穴を7つ開けて死んじゃったというのは、もしかしたら理性の使い方を間違っていたのかもしれないですね。別の使い方をすれば渾沌を生かしたまま、秩序の中にちゃんと埋め込むことができたのかもしれないんだけど。

**市川**　ただ、理性というのは、それを使えばすべてがわかると考えていますね。

**浅井**　そう。それが、やっぱり人間の驕りなのかもしれません。というのは、われわれは結局最後には、神秘主義じゃないですけども、きっとわれわれにはわからない何かがあるに違いないと考える。このことは、たぶん東洋人が漠然と持っていることだと思います

［注36］荘子（荘周）の著書とされる道家の文献。現存するテキストは、内篇七篇・外篇十五篇・雑篇十一篇の三十三篇で構成される。

［注37］『山海経』（せんがいきょう）　中国の地理書。中国古代の戦国時代から秦朝・漢代（前4世紀-3世紀頃）にかけて徐々に付加執筆されて成立したものと考えられており、最古の地理書（地誌）とされる。

ね。だからそこは近代の理性主義とは明らかに違う科学のスタンスだろうと思います。

**市川**　理性ってこう物差しじゃないですか。

**永井**　スコアですか。

**中島**　計算する。測定する。

**市川**　だから座標軸がないと駄目なわけです。たとえば、無限を説明するときに、まず時間という座標軸を置いた場合は説明しやすいわけですよね。空間もそうです。でも、その軸を取り払っちゃうと、無限というのは説明できなくなっちゃうんです。

**浅井**　確かにそうですね。

**市川**　だから理性を使って何かを説明しようとしたときには、絶対抜け落ちるものがあってしかるべきだろうと思います。でも、だからそれがまったくないとは言えないけども、みんなそれはこう無視しちゃうというのがいけないのではないか。

## ──フレームワークをつくり替える

**浅井**　時間で無限があるかというと、またこれも難しい。無限というのは、そういう意味で、哲学や宗教では存在しますけど、物理学では近似でしかない。

**市川**　時間の話になると、『創世記』[注38]のはじめは、「はじめに」で始まりますけど、あれは

［注38］『創世記』（Genesis）古代ヘブライ語によって記された、ユダヤ教、キリスト教の聖典で、イスラームの啓典である聖書（旧約聖書）の最初の書であり、正典の一つ。モーセ写本が現存しており、モーセが著述したとされている。

何の「はじめに」か、書いていないんですよ。

**浅井**　時間のはじめなんですかね。

**市川**　時間のはじめと考える人もいると思うんですけども、じゃあ、時間のはじめというのはなんだという問いになる。実は、これはユダヤ教の解釈のひとつで、本当は「何々のはじめ」という言葉遣いをしないといけない単語だというんですよ。でも神はその「何々」を外しちゃったんだというわけです。だから、何のはじめかは自分で考えろと。そういう問い掛けをしているというふうに解釈する。そういう人もいるんです。

**浅井**　物理で言うと、それは時間と空間の始まりなんですよね。ビッグバンだ、と言われていますけども、あったのかなかったのか。

**市川**　そういう問いに対して常にさらに新しい問いを考えるということが人間に与えられてきたんですかね。

**小野塚**　そうだとすると、言葉を操って理性的に物事を解釈していくロゴスの働きですよね、ギリシャ語で言ったら。ロゴスの働きをどこまでわれわれは突き詰めることができるんでしょうね。浅井先生の話を聞いていると、一方では神秘的なものに逃げ込みたくなるようなお気持ちがあるのもわかるんだけど、他方ではわれわれの理性は、まだまだ戦える、ロゴスでもってまだいろんなことを解釈できる、もう一度秩序立てて物事を認識することができるというふうにお考えのようにも聞こえるのですけど。

**浅井**　そうですね。一番簡単に言ってしまうと、今のフレームワークでは無理だろうと思っています。フレームワークをつくり替えると、こういうことだったのかというところまでは行くと思います。しかし、今の物理学のフレームワークの延長ではゴールはないだろうなというのは、やっぱり感じます。

**小野塚**　そうですか。

**浅井**　たとえば本当に「心は量子力学で語れるのか」と一緒で、おそらくそれは無理だろうと思いますので。

**小野塚**　それはパラダイムシフトというふうな意味ですか?

**浅井**　そうかもしれません。ただ、それは、ヒッグス粒子が見つかりましただとか、超対称性粒子[注39]が見つかりましたとか、そういうレベルのパラダイムシフトではたぶんないです。

**小野塚**　もっともっと大きな話でしょうか?

**浅井**　それはどういうものですかと言われたら、それはわかりませんとしか、わたしは答えられない。

**小野塚**　なるほど。

**浅井**　わたしが生きているうちにできるとは思えない。よく量子力学で心が語れるみたいなことを言う人とかいますけども、今のフレームワークでできるとは思ってはいませ

[注39]　超対称性粒子（super-symmetric particle, SUSY 粒子）　超対称性理論によって存在が予想されている素粒子。現在の宇宙ではこのような粒子はまだ観測されていない。

ん。

**小野塚**　だとすると、物理学という枠組みも壊れるというふうにお考えですか？

**浅井**　そうですね。物理学とは何かと言われると、これはやっぱり自然科学の一つでしかないわけですよね。言葉が悪いかもしれませんが、扱っているもののエネルギー・スケールの一部なんです。だから、たとえば一部のエネルギー領域は化学と呼ばれているものですし、またそれよりちょっとエネルギー・スケール（エネルギーが低い領域というのは、生物の領域になります。もっともっと大きい距離スケール（エネルギー・スケールで見ると低い）で見ると天文学になります。だから単に自然科学をどのエネルギー・スケールで見ているかどうかの違いなんですね。

**小野塚**　なるほど。

**浅井**　物理学というのは、幸か不幸かわかりませんけども、非常に短いエネルギー・スケールと、逆に非常に長い宇宙の距離のスケールの両方をカバーしているだけです。なにかそれで全体をカバーしているようにわれわれが勘違いしているだけで、決してそうではないのです。両極端だから扱いやすかっただけです。化学だとか、生命の領域はより複雑になっているぶん、扱いにくいから別の学問になっているだけで、宇宙であれミクロな世界であれ、比較的簡単だったから物理学というフレームワークで扱っただけです。

**小野塚**　なるほど。

浅井　もっと違う原理、生物だとか化学だとか、そういうものまでもやっぱり扱えるようなものになっていかないと、その次のステップへわれわれはたぶん行けないだろうなとは思っています。

## 日本における近代医学の成立から見えてくるもの

中島　では、永井先生のお話を伺おうと思います。永井先生のお仕事を拝見していますと、『医学生とその時代 増補新版』（中央公論新社、２０１５年）のような本をお作りになって、東京大学の医学部を文脈化し、歴史化されています。そのことによって、日本の近代医学のあり方を問い直そうとされていると思います。同時にそれは、医学だけではなくて、日本の近代科学思想のあり方自体を問い直すというお仕事だと思います。たとえばベルツに関しては、ベルツ賞記念のために非常に詳細なものをお書きになったりして、先生ご自身大変思い入れが深くていらっしゃるのかなと思います。そこでお伺いしてみたいのですが、永井先生が振りかえられてみて、日本の近代医学から、もう一度人間を考えてみると、どんなことが今言えるというふうにお考えなんでしょうか。

永井　東大医学部は近代医学の窓口として、日本の医学に大きな影響を与えてきました。医学部与えた影響を理解するには、それぞれの時代背景と物語を知ることが大切です。医学部の設立は１８５８年ですが、大きな社会変動が起こった年でした。安政の大獄や日米修好通商条約を始め、日英、日仏、日露条約が調印されたのが１８５８年です。まさに実質的な開国の年でした。

**小野塚**　そうですね。

**永井**　その年に、東大医学部の前身である種痘所が設立されます。その頃、ヨーロッパの医学も革命的な変化が起こっており、その影響のもとに東大医学部の教育も行われました。19世紀の中頃までヨーロッパでは、物理学や化学の発展に対して、医学は科学と見られていませんでした。そこで、ドイツの若手が中心となって、物理学に基づく生理学、さらに生理学に基づく臨床医学をつくろうとしました。「唯物論的医学」と批判されましたが、その後、次々と新たな発見がされ、近代医学の潮流をつくりました。その時期に日本が開国し、近代医学を導入したことは、その後の日本の医学に大きな影響を与えました。

西洋医学はヒポクラテス[注40]に始まります。人命を助けることはまさに存在の問題ですから、昔から病気の原因や治療法が研究されてきました。また、今も影響を与える多くの知識や知恵が、ヒポクラテスの言葉として伝えられています。たとえば「人を愛する者にして、初めて医術を愛す」や「人生は短し、医術は長し」は、数えられないほど引用されてきました。

「医師にして哲学者たる者は、神に等しい」という言葉があります。多くの人が「コメ

［注40］ヒポクラテス（Hippocrates，紀元前460–紀元前370頃）古代ギリシャの医者。医学を原始的な迷信や呪術から切り離し、臨床と観察を重んじる経験科学へと発展させた。

ントはできないが」という枕ことばと共に、これを紹介しています。もう一つ、「自然学者がいろいろ言っていることは気を付けなさい」という言葉もあります。

**浅井**　おっしゃられるとおりでございます（笑）。

**永井**　デモクリトス[注41]やエンペドクレス[注42]の自然観は、医術を修めた後に学べばよいのであって、それがわからなければ医術ができないわけではないという教えのようです。

**浅井**　なるほど。

**永井**　その教えを医師は長く守ってきました。ギリシャやローマの医学は、イスラーム世界を経て、12世紀ルネサンスの時代にヨーロッパに伝えられる。19世紀に近代医学が興るまで、科学から距離を置いてきたわけです。当然、怪しげな医術も増えます。

ヒポクラテスの病因論は体液原因説で、悪い体液が病気を生ずるという考えでした。そこで、何でも瀉血《しゃけつ》しました。瀉血が有効な病気もあることは事実ですが、19世紀に至っても、風邪や気分不快に対して瀉血が行われていました。それから水治療。これはとくに精神病で行われました。

19世紀には病理解剖が盛んに行われ、解剖所見から臨床所見を説明する医学も始まりました。しかし科学としては未熟で、生気論という生物には物理や化学では説明できない生命力の実在が考えられていました。一つの根拠はヒドラ[注43]の再生でした。機械では、部分から全体ができないからです。

［注41］デモクリトス（Democritus, 紀元前460頃-紀元前370頃）　古代ギリシャの哲学者。原子論を確立した。

［注42］エンペドクレス（Empedocles, 紀元前490頃-紀元前430頃）　古代ギリシャの自然哲学者、医者、詩人、政治家。四元素説を唱えた。弁論術の祖とされる。

［注43］ヒドラ（Hydra）　刺胞動物のうちヒドロ虫綱花クラゲ目ヒドラ科に属する淡水産の無脊椎動物の総称。強力な再生能力を持ち、体をいくつかに切っても、それぞれが完全なヒドラとして再生する。

1830年代にベルツ博士の恩師ヴンダーリヒ教授[注44]とその仲間が、物理学のように帰納法に基づく医学の樹立を目指すことを宣言しました。ヴンダーリヒは体温を測定し、新しい診断法を開発します。仲間の1人の医学者ヘルムホルツ[注45]は熱力学第一法則[注46]で有名ですが、眼底鏡も発明しました。病理学者のフィルヒョウ[注47]は、生命力を持つ間質液の結晶と考えられていた細胞が分裂することを見出し、細胞病理学という全く新しい分野をつくります。こういう人たちが、物理学、化学に基づく機械論的医学を発展させましたが、当時のヨーロッパ医学でも、過激派と言われ批判されました。しかし1850年代にはこれが世界の医学の潮流となり、欧米からドイツに留学生が集まりました。ちょうどそうした時代に日本は開国し、最新の医学を導入したわけです。

**小野塚**　なるほど。

**永井**　日本は、短期間の間に近代化したというだけではなくて、当時のヨーロッパでも最先端の唯物論的な考えを短期間に導入しました。しかし前述のヴンダーリヒは医学史にも造詣が深く、優れた内科医でした。フィルヒョウは野党の党首で、ベルリンの上下水道を整備しました。近代医学の旗手は伝統的なヒポクラテス医学を学んだ上で、先端的な医学を開拓したわけですが、日本ではそうした基盤のないままに、先端を受け入れたことが、一つの特徴ではないかと思います。

第二次大戦後の日本でも公衆衛生学講座がつくられますが、厳密で実証的な機械論医

[注44] カール・アウグスト・ヴンダーリヒ（Karl August Wunderlich 1815-1877）ドイツの医者。

[注45] ヘルマン・ルートヴィヒ・フェルディナント・フォン・ヘルムホルツ（Hermann Ludwig Ferdinand von Helmholtz, 1821-1894）ドイツ出身の生理学者、物理学者。エネルギー保存の法則を確立した。

[注46] 熱力学の第一法則（first law of thermodynamics）エネルギー保存の法則（law of the conservation of energy）とも呼ばれる。物体に外部から加わった仕事と熱量との和は、内部エネルギーの増加に等しいという法則。熱と仕事は等価で、熱を含めてエネルギーは保存される。

[注47] ルドルフ・ルートヴィヒ・カール・フィルヒョウ（Rudolf Ludwig Karl Virchow, 1821-1902）ドイツの医師、病理学者、先史学者、生物学者、政治家。白血病の発見者として知られる。

学を重視する姿勢は、今もさほど変わっていないように思います。

**中島**　なるほど。

## 2つの重要な医学の側面——機械論医学と統計

**永井**　生気論に代表される医学は、当時、ロマン主義医学と呼ばれ、機械論医学者の批判の標的となりました。しかし、実証主義研究がロマン主義医学に対抗するといっても、作業仮説にロマンが入り込みやすい。科学技術政策もそうですが、ロマン主義を乗り越えるつもりの科学者が、ロマンの虜になることは今でも起こっていますね。

**浅井**　物理学も同じです。

**永井**　機械論医学は、科学面で後れていたヒポクラテス医学や統計医学も厳しく批判しました。しかし機械論医学によって、細菌学、内分泌学、心臓病学、外科学、分子生物学、ゲノム医学などが大きく開花したのは紛れもない事実ですし、ＤＮＡの発見やヒトゲノムの解読は、フィルヒョウの細胞病理学と同じぐらいのインパクトがありました。最近は、細かく分析するとともに、多彩なデータを統合する方向を辿っています。なすべきことはたくさんありますから、機械論はいまも医学研究の基本と言えます。

もう一つの重要な医学の側面が統計です。機械論医学は、メカニズムから病気の原因や治療を理解し多くの成果を挙げましたが、人間は神ではないので、理屈だけで考えていると失敗することがあります。わたしの専門の領域ですと、心筋梗塞の発作を起こした後、不整脈が多いと死亡率が高い。突然死したりする。不整脈を抑制すれば予後を改善すると考えたのですが、不整脈を抑えると、かえって死亡率が高まってしまいました。そのメカニズムは後になってわかることで、最初はわからない。このようにメカニズムのわからない病気や治療法がたくさんあります。そのため医学でも統計によって現実を可視化することが重要になってきました。

病気の発症や経過は決定論的ではなく、幸運や不運に左右される部分がたくさん残っています。そこに個の問題が入ります。薬の効き方も同様です。集団で比較すれば効く薬でも、誰に効き、誰に効かないかはよくわからないことが多い。病気の原因や経過を決める要因が多く、それぞれの要因が複雑なネットワークをつくっているからです。これをどう予見し制御するかは、現実の医療で重要です。最近はビッグデータを使って、確率によって患者の将来を予測する研究も盛んになりました。

ある疾患と診断されても、それは個々の患者の集合体であって、個人が集団の平均に一致することはほとんどありません。この問題に対して、いまミクロからマクロまでのデータを統合し、疾患をより小さなサブグループ化して、個々の患者により適した医療を提供しようとしています。これは患者の将来を、確信の程度を表す確率で推測しようというものです。こうした医学は、個人を確率で語るようになりますから、日本でどのように受け入れられるか興味があります。

しかし多くの患者さんにとって、メカニズムや統計・確率も大事かもしれませんが、自分にとっての病気の理解や死の受け入れが大切です。実際、患者さんは、自分の病気を自分の人生の文脈や物語で理解し、残された時間をよく生きようとします。これを支援することが本来の医学の役割です。そこにはメカニズム論や確率だけでは語れない世界があります。

さらに医療資源は限られていますから、高額医療が増えれば皆保険制度が維持できなくなります。これを抑制すれば、受けられる治療と受けられない治療が現れます。これも存在に関わる問題です。最近では、オプジーボ[注48]の問題がありました。1人年間3、500万円で、5万人の肺癌患者に使用されるということでした。それだけで1兆7、500億円です。国は医療費を年間5、000億円増にとどめたいと言っているのに、1つの新薬だけで1兆7、500億円です。いまは半額になりましたが適応疾患が広がっていますし、さらに有効な薬剤が現れています。こうした新薬のメカニズムは画期的ですが、全員が良くなるわけではない。オプジーボの治験のデータを見ると、1年生存率は他の抗がん剤では24％だったのが、オプジーボによって42％になった、オプジーボの優位性は20％弱です。

[注48] 人が本来持つ免疫力を利用してがんを攻撃し退治する免疫チェックポイント阻害薬のこと。一般名称は「ニボルマブ」。

**浅井**　そんなに悪いものなんですか。

**永井**　でも大したものなのです。

**中島**　20％もあればいい。

**永井**　まさに確率の世界に、一人ひとりが住んでいるわけです。こうした問題は、医療のあらゆる面で現れます。背景を揃えた集団に投与して、対照群に比較して統計的に有効性が認められても、個々の患者さんへの効果は予測が難しい。また薬による心臓発作や脳卒中の防止効果は年間に高々数％です。こうした状況で、どこまで薬剤を使うべきか、さらに数千万円や1億円という高額医療が増える中で、どのように医療提供体制を継続させるかなどの問題があります。何とかたくさんの情報を集めて、個別化やサブクラス化にもっていこうとしています。

**浅井**　その個の問題への質問なんですけども、たとえばある薬が効く、効かないというのは、われわれは普通、体質だとかそういうもので片付けてしまうのですけど、これはやっぱり偶然の要素も大きいんですか。

**永井**　いずれ理屈で明らかにできるのかもしれないのですが、複雑系では簡単にはわからない。

**浅井**　たとえば抗がん剤とかを見ると、タイミングがあるのかなと思うことはあるのですけども。

**永井**　それでも確定的になるわけではないのです。

**浅井**　ないんですよね。効くのってタイミングがあるんですと、昔父親のがん治療の時に、主治医に言われました。どういう意味なのかと聞いたのですけども。

**永井**　病気の進行の程度によって効果が異なることはありますので、病気がどのような状態にあるかを判断することが大切です。

**浅井**　という意味なんですか？　その先生が言うには、サイクルがあるのかな、みたいな言い方でした。

**永井**　がん細胞のＤＮＡ合成は夜間に活発になるようで、夜中に抗がん剤を投与することがあります。ただ、こうした理論も臨床現場での検証が必要です。しかし統計によって集団を比較しても個について語るわけではありません。

医療では、個々の患者さんに最適の医療を見つけることがとりあえずの目標ですが、一人ひとりの患者さんに、よく生きていただくこと、これを支援するのが医学の最大の目的です。したがって実践にあたっては医療の受け手の考え方まで考慮しなければなりません。医学にこうした考えが取り入れられたのは最近のことで、成果だけを求める日本人の姿勢をベルツ博士が明治34（１９０１）年に警告したことがあります。

## 森鷗外の格闘

**中島**　わたしがぜひ伺ってみたかったのは、森鷗外なんです。永井先生は、鷗外は統計に関して無知だったわけじゃなく、逆に、非常に厳密に統計学を考えていたために、脚気に関して判断を誤ったということをお書きになっています。最初にロマン主義と唯物論から実証医学の話をされましたけれども、文学でもたぶん同じ現象が起きていて、鷗外はどっちにも行かないという立場を取った人だろうと、わたしは思っているんです。しかも、鷗外は軍医であったわけじゃないですか。日本近代医学の、本当に最初のほうにいた近代的な医学者だった。

永井先生が先ほど個ということを大変強調なさいましたが、鷗外は大逆事件[注49]以降、作風を変えるわけです。それまでとは違って歴史小説を書くようになっていって、何て言うか、より個の問題に着目をしていくようになったという気がしているんですが、たとえば永井先生が、この鷗外を例に取って何か日本の近代医学を論じられるとすると、どんなことが言えるのでしょうか。

**永井**　鷗外は自我の確立に格闘した人でした。彼はドイツで実験医学を学び、西洋思想史や統計医学もよく勉強していました。明治22（1889）年に『医学統計論』の題言を

［注49］１９１０年、明治天皇の暗殺を計画したとして、全国の社会主義者や自由主義者ら24人が死刑判決を受けた思想弾圧事件。

書き、統計の考え方を論じました。統計という用語と概念についても、明治初期に大論争をしています。明治20年頃、統計によって天法を知ると主張するグループがあったのですが、これに鷗外は激しく反発しました。因果を統計で知ることはできないと主張します。相関と因果は違うことは今でも教えられますので、鷗外の主張は正論です。

有名なのが脚気論争です。脚気の問題は、海軍の練習艦が前年に米食で南米まで航海して脚気が多発し、翌年パン食にしたらほとんど脚気が起こりませんでした。ここから脚気が食事に起因すると言われたのですが、これに対して鷗外は、兵を二群に分けて背景を揃え同一の地に住まわせ、食事によって発症率が異なればわずかに因果を論ずることはできるが、観察データのみで因果を論じてはいけないと主張しました。これは統計学の試験答案としては素晴らしいのですが、観察結果から作業仮説を立てることはできます。統計が「厳密な科学」ではないことは事実ですが、鷗外が統計の限界にこだわるあまり、作業仮説まで全面否定したことが誤りだったといえます。しかし何よりも論争になると執拗で攻撃的性格が強く表れたことが悲劇を招いたと思います。

鷗外は、実験と統計が医学研究の両輪であることは理解していました。また、衛生学は「社会的規模の理想から生まれる学問」と位置づけ、日本の衛生行政と教育に大きな足跡を残しました。しかし鷗外の医学思想は基本的に実験医学であり、英米の実践的医学を低く見ていました。そのことは日本の医学に長く影響を与えたと思います。一方で、

「厳密な科学」では満たされない心情の一端が、晩年の短編「妄想」に記されています。

当時、自然主義文学が盛んになりますが、鷗外はこれにも批判的でした。そもそも自然主義文学は機械論医学の旗手だったクロード・ベルナール[注50]の生理学の影響を受けて成立し、科学的な実験小説とも呼ばれました。鷗外の医学は実験医学でしたが、小説は事実をあるがままに記述するのでなく、背景にある観念や目指す理想を描こうとしました。科学的ともいえる分析を行った歴史小説や史伝では、献身的な生き方を物語として綴っています。文学を医療に活かそうとしたのではないと思いますが、歴史に埋もれた人物に注ぐまなざしは、医療でも求められます。

**中島**　鷗外が大逆事件の直後に書いた短編があって、パーシー族という、お互い、殺し合う人々を描くんです。その中で、その人たちは何を読んでいるかというと、自然主義の文学と社会主義を読んでいるんですね。この二つを読む人たちは殺し合い、こういう人たちを殺すんだという言い方をしている。鷗外にとっては自然主義文学と社会主義の問題は、当時一番大事な問題です。ところが、それが日本の中では、実は非常に周辺化されて、排除されていくようになる。そこに何か鷗外なりの時代に対する認識というのがあったのだろうという気がしています。永井先生がおっしゃったように、自然主義が生理学の問題を引き継いでいて、近代的な裸の人間を描いてしまったことは、鷗外にとっても非常に衝撃的だっただろうと思います。

[注50] クロード・ベルナール（Claude Bernard, 1813–1878）フランスの医師、生理学者。「内部環境の固定性」という考え方を提唱。

## 医療の実践と個

**中島**　もう一つ、永井先生が構図を大きく示された中で、今の医学が分子生物学に基づくもので、たとえばゲノム、遺伝子なんかがそうだとおっしゃいました。それらは、まさに情報ですよね。書き込まれた情報。それを解読する医学というふうになってきているということに対しては、先生ご自身は、なにかお考えがあるのでしょうか？

**永井**　ゲノムをはじめとするオミクス科学が発展していますが、最終的には患者さんにとっての意味が重要です。また、ゲノムには多型性がありますが、その多くは確率的で、何倍ものリスクになるわけではありません。もう少しサブグループ化しないと個々の患者さんへの意味はわからないと思います。こうした生物学的情報を統合して、医療を個別化しようという動きがあり、研究が進んでいます。しかし生物学的な情報だけでなく、環境や行動、社会的状況、さらに価値観も考慮して行うのが、本来の個別医療です。しかしそれらの情報は相互干渉しますから、実践はなかなか難しい。

**小野塚**　永井先生が個ということを、さっきからずっと強調されておっしゃっているんですけど、その場合の個というのは単なる個性的な存在という意味なのか。それとも、その一人ひとりが一つのシステムをなしている、全体的なシステムをなしているというふうな意味で個という言葉をお使いになっているのでしょうか。

**永井**　生物学的な個人だけでなく、社会的な存在、そして病気の受けとめ方、生き方としての個人でしょう。

**小野塚**　要素還元論的な。

**永井**　できるだけ要素に還元しようとしますが、不可能に近い。そこでできるだけ多様な要因を組み合わせてネットワークのなかで、まずは層別化しようとします。同じ病気でも治療の反応性は違います。まずは客観的な指標を使って、層別化や個別化をめざすのですが、主観的な面への配慮も重要です。病気の受けとめ方、検査や治療を受ける姿勢も人によって違います。さらに地域社会によっても異なります。それも個を決めるわけです。救急で命を救う場合は、生物学的個でしょうが、慢性疾患では患者さんに良く生きていただくことが重要ですから、さまざまな配慮が重要です。診察のときに患者さんと雑談もしますが、それはその方の人生の考え方や価値観を聞いているわけです。

**中島**　20世紀の哲学でも、シンギュラリティという概念と、たとえばパティキュラリティというのは区別します。今、永井先生の個という概念は、どちらかというとシンギュラリティの問題。つまり、何かにすぐ還元できるようなものじゃなくて、ある特異性を持った個ということですよね。

**小野塚**　個がそれぞれに固有の全体的なシステムをなしている。

**永井**　医療は身体だけでなく、患者さんの心理、人生、生き方、地域のあり方、国の制度まで含めたシステムの中にありますし、その意味で個が独特の社会システムをつくっています。生物学的医学も現在、個の未来を予測しようとしています。これには多くの不確実さも入りますから、どのような情報を集めるか、その情報がどの程度正確なのかが重要になります。

**浅井**　なるほど。

**永井**　こうした多面的な個にどのように配慮するか、バランスが難しい。また医師も個別化医療と言いつつ、医療を標準化しようとしています。

**市川**　その個の問題がずっと気になっています。日本は明治になってから、西洋医学を取り入れました。それまでの漢方というんでしょうか、日本の伝統的な医学というのは、人間を全体として見て、調和を考えるとか、ホリスティックという概念とか、人間をトータルに見るという考え方だったと思うんです。それと宗教でいう信仰治癒、つまり信仰することで治ったとか、そういうことが実際言われています。その問題は実際の医学の中では、位置づけられないのか、どうなのでしょうか。

**永井**　良い面がある一方で、害をなすこともありますね。

**市川**　もちろん、そうです。

**永井**　しっかりと治療法を評価する必要があります。でもご高齢の方で、他に手段がない場合にはそれも選択肢だと思います。

**市川**　特に個人差というか、信仰心の強い人とか、あるいは我慢強い人とか、楽観的な人とかというのは、実際その自然治癒力が強いというようなことを言われたりもするのは、一応科学的にもある程度証明されることなんでしょうか。

**永井**　笑いのある生活は健康に大事で、免疫力にも関係あるという話はあります。

**浅井**　笑うと免疫力になるんですか？

**永井**　免疫細胞を活性化するようです。旧約聖書にも「喜びのある心は病を治す」とあります。身体的なことは複雑なネットワークシステムがあります。そこは要素に還元しつつシステムの解明を目指しています。

**浅井**　分子生物学はたぶん最終的には物理や化学の現象なのかもしれないですけど、今の臓器の話とか、階層の違う所は、また違う医学になるんじゃないかなと思いますね。近代医学を否定するわけじゃないですけども、ゲノムで臓器間の話まで、本当に説明できるのかというのは感じます。やっぱりかなりの複雑系ですよね。だから、そういうものはたぶん、なにか少なくとも今の物理学や化学のものではないというように感じます。そんなことを言っちゃおしまいかもしれませんけど。

**永井**　臓器連関のすべてを理解することは難しい。しかし分析機器が発達してきましたから、大きな発見はあります。なすべき研究はたくさんありますし、そうした研究から新しい治療法がみつかることがあります。それでも有効性を高めるには、集団のなかで個別化や層別化が必要です。こうした研究は生物学的ですが、実際の医療は患者さんの価値観や生き方を踏まえて行います。

**小野塚**　わたしは最近内科のお医者さんに診てもらうたびに不満を感ずるんですよ。彼らはわたしを見ていない。触らないし、わたしのパーソナルヒストリーを聞かない。検査結果だけ見て、これですねって。自動的に、ほぼ一義的に薬が決まるような、そういう感じがします。子どもの頃近所にいたお医者さんというのは、もっと触ったり、いろいろ聞いたり、いろんなことをしてくださった。もうちょっとわたしのことをシステムとして、ホリスティックに診てくれてたんだけど。

**市川**　診断してくれたんですよね。ちゃんと個として診てくれて、診断を。

**永井**　逆に、当時はいまのように分析はできなかったと思いますが。

**小野塚**　検査技術が、まだそんなに普及していなかった。

**永井**　客観的に見ることも大事ですが、これからは何よりも患者さんの生き方も考慮して診察する力が必要です。少しずつ教育も変わりつつあります。

**中島**　それと関連すると思うんですが、この前もあるお医者さんとしゃべっていて、ＡＩがこれからうんと発展していくと、診断というのはもうＡＩにやってもらったほうが、より正確になるんじゃないか。そうすると一体医者の役割というのは何なんだろうと。

**浅井**　たぶん内科医はいなくなると言われていますよね。外科医は必要だけど、内科医は要らない。弁護士と内科医は要らなくなる。それから物理学者も要らなくなるかもしれませんけども（笑）。

**永井**　わたしもＡＩによる診断支援システムを開発しています。問題は、今のコンピュータは文脈を読めません。人間の方も文脈を読んだり、抽出する力をもっと鍛えないといけない状況です。

**市川**　古代ギリシャのヒポクラテスの例で、「人生は短し、医療は長し」ということに関してですが、原語はテクネーで、英語ではアートになってしまうためよく芸術というふうに近代以降は読み替えられてしまいますけども、あの言葉で、「命は短い」という方を考えてみたいんです。宗教的には「永遠の命」ということがよく言われますよね。キリスト教では、特にその概念がとても大事なんです。英語とか日本語とか近代語、ラテン語まで区別がないんですよ。「永遠の命」というときと、「短い命」というときの命というのは同じ単語を使う。使うしかないんですね。ところがギリシャ語では、「永遠の命」というときと、「短い命」というとき、単語が違います。

つまり、「短い命」というとき、バイオロジーのビオスを使います。「ホ・ビオス　ブラクス」。新約聖書の中で「永遠の命」というときには命に「ゾーオン」を使います。「ゾーオン　アイオニオン」。だから、これは全く違う命の概念かなと思うんです。医学は、基本的にはビオスを論じて、つまり生物学とつながっていますから、やっぱり生物と基本的には同じ問題と考えていると思うんです。ただ、個、人間をトータルに見たときには、「ゾーオン アイオニオン」の方の命の問題が関わってきちゃうんじゃないかと思うんです。生き方、どう生きるかの問題なので。医学はどこまでその問題に関われるのか。個をトータルに考えるという問題に、医学はどこまで入り込めるのか。だからDNAなんか、すごくそこで問題になると思うんですけども。

**永井**　英語のLifeを日本語でも、生命、命、いのち、生存、生活、人生、などに訳していますし、医学はすべてに配慮しなければならない。しかしDNAで解決するわけではありません。高齢者にどのような医療が良いかだけでなく、医療をどこまで受けるかという生き方の問題が現れますし、地域社会のなかの個も大切にされなければならない。実際、地域の存続は医療に依存しており、個が大切にされなければ、地域も維持できない。一方で国家の側からは医療資源をどこまで使うのかとかという課題もあります。なかには医療介護施設の潤沢な地域もありますが、他に産業がないのです。そういう意味では、個人の、一人ひとりの命の問題であると同時に、生き方の問題でもあります。社会も世代を超えて考えなければならない。それを踏まえての個の生き方ということなのだと思います。

**小野塚**　人間関係から切り離しては、個は成立していないというふうにとらえているんですね。

**永井**　そうですね。

**小野塚**　背後に人間関係がある。

**永井**　もちろんです。

**小野塚**　あるいは子どもがいたり、親がいたりするという、そういう時間軸の中でもそうですね。

**中島**　まさにミシェル・フーコー[注51]が、ビオポリティック、バイオポリティクスというのが近代の象徴的な支配の形式だということを言っています。ビオスというものは支配の対象になるわけです。医学は、そこに深く関わると同時に、でもどこかでそのビオポリティックではない人間のあり方にも目配りをしてきたんだろうという気がするわけです。それが市川先生がおっしゃったゾーオンという、もう一つ別の人間のありようへの目配りとして、たぶんあったんだろうと思います。

わたしは鷗外贔屓なので、無理にかぶせてしまいますが、鷗外はひょっとすると、軍医という、まさにビオポリティックの最前線にいた人でありながら、でもそこに絡め取られないような人間のあり方を見ようとしていたんじゃないか。そうじゃないと、墓碑にあのように[注52]は書かないだろうという気がするわけです。その葛藤がずっと日本の近代医学の中にはあって、今もきっとそれはいろんな形で現れているんだろうと思います。

[注51]　ミシェル・フーコー(Michel Foucault, 1926–1984) フランスの哲学者。レヴィ・ストロース、アルチュセールとともに1960年代後半に〈構造主義〉の代表的思想家として脚光をあびた。主な著作に『言葉と物』『狂気の歴史』『監獄の誕生』『性の歴史』などがある。

[注52]　「余は石見人森林太郎として死せんと欲す」という遺言を踏まえて、「森林太郎墓」とだけ記したということ。

# おわりに

**中島**　では最後に、永井先生から浅井先生、市川先生、小野塚先生から一言ずついただきまして、締めたいと思います。お願いいたします。

**永井**　森鷗外の議論は参考になりました。鷗外は軍医としてだけでなく、衛生行政にも大きな責任と権限を持っていました。近代日本の公衆衛生に大きな貢献をしましたが、一方で、脚気問題のように多くの犠牲を招きました。鷗外ほどでなくとも、臨床医学に従事していると、多くの矛盾を経験します。これは医学が異なる系譜の学術の集合だからです。理論的に判断できないことも実践しなければならない状況をしばしば経験します。また肝心の理論の誤りもあり、常に現実における検証が必要です。検証は集団で分析しなければならないけれども、その信頼度はさまざまです。しかし集団で語れば個は疎外される。また個の未来を予測しようとすれば過誤は避けられない。すべてがダイナミックな情報として表現されますが、それらが複雑に影響を及ぼしあい、統合することはまだ難しい。個まではとても語れないので、とりあえずサブクラス化してみようとしています。しかし、そもそも数値化した情報で人間を語ることによる疎外感は避けられない。バイオポリティクスは医療システムそのものです。医療資源には限りがありますので、医療システムの継続と個の存続はしばしば衝突します。

こうした状況で、患者さんの納得感を得るには、やはり個の物語が必要です。そこまで現在の医学が対応していないと言われればそのとおりです。少しずつその重要性は認識されてきました。しかしこれは医療界だけでなく、社会全体で考えなければならない問題です。その意味で、日本の医学は、今も「普請中」なのです。

医療現場だけでなく、医学界自体にも多くの矛盾があり、確執や対立は絶えません。冒頭にご紹介いただいた『医学生とその時代』では、開国、近代化、富国強兵、震災、戦争、思想的対立などの社会的混乱のなかで、懸命に生きた医学生や医学者をできるだけ取り上げました。日本の近代医学の歴史的な文脈や小さな物語から現代の医学を考え、医療に携わる人たちの生き方に関するヒントが得られます。東京大学が西欧から導入したすべての学術について、こうした作業が必要です。

**浅井**　基本的に自然科学とは何か。たとえば30年前の真実は、今ではうそになっている。そういう意味で自然科学というのは、実験技術が進んで新しい発見が行われると変わっていく。定説というのは何かというと、反対する人が死に絶えた時に定説になる（笑）。
数学とそこは厳密に違うことなんですよね。数学というのは、あるフレームワークの中で、これだけは正しいというアサンプションの下に、なにかこう体系をつくっていくものですけども、自然科学というのは全く逆のアプローチです。今までに知っている、観測されたものの中で、それをうまく説明する一つの夢物語をつくっているのが自然科学です。だから、われわれが見ている世界の物語です。その物語を壊す新発見があれば、またがらっと変わる。決してそれは悪いものでもない。

わたしが研究しているヒッグスだとか何だとか、人間原理とかという話も、ひょっとすると、なにかまた新しい一つの発見で大きく変わってしまうことなのかもしれません。実際、本当に20年前までは、人間原理なんて言ったら、異端だったわけです。もうおまえは科学者をやめろと言われたのが、今は比較的みなさん自由にそういう言葉を語っている。これはいいことで、進歩があって、いろんな発見が行われているからなんですね。

もう一つ、数学が何でここまでうまく説明できているのかというのは、これは本当にずっと考えているんですけど、よくわからない。さっきも申し上げましたけど、全く違うアプローチでつくられたものなんです。だから一つの考え方としては、こういうことを言っていいのか悪いのかわからないですけども、自然を上手に説明できる数学のフレームワークを今まで持ってきているだけで、たとえばまた新しい説明できない概念があったときに、今の数学が本当に機能するのかというのも、もう一つわからないことです。

たとえば、量子力学は、確かに複素数を使って上手に説明することができますけど、じゃあ、その複素数というのは一体何なのかということの説明は、決して数学はしてくれていないのです。だから、ちょっと言い方としては悪いけど、あくまでも道具としてはうまくいっているけれども、じゃあ、その本質を説明してくれているかということについては、やっぱり答えてくれてない。そういう意味で、物理学の使う数学は道具なんです。もちろん、数学の人の数学というのは、全くこれ、法体系と一緒なので、なんかこう神の言葉があって、それに合わせて体系をつくっているようなものなのです。われわれの言っている数学と、たぶん数学の方の数学というのは、また違うものです。だからそういう意味で、自然科学の欲しいことに対して、決して数学はそういう意味では答えていないと思っています。

**市川**　神に接近しようとしても、隙間があるというか、到達できない。それはもっともなことで、ちょうど中島先生が引用してくれたレヴィナスの言葉で、「神よりもトーラーを愛する」、まさに神そのものじゃなくて、神の言葉を愛するというのは、神は絶対他者で近づけないものだと思うんです。そういうものとして考えている。接近できないところの他者とどうつながるかというときに、言葉がある。つまり、それはまさに無限の神なわけで、わたしたちの物差しをもってしないと考えられない世界とは違うものとしてあるんじゃないかと思うんです。

最初にお話しした、心は自由で、振る舞いは神の規制の下にあるというのは、ユダヤ教もイスラームもそういう傾向を持っていると思います。これが日本の世界史の教科書によると、ユダヤ教はキリスト教によって否定されちゃった、つまり律法主義というのは閉鎖的であったり、煩瑣《はんさ》であったり、人間の心と違う偽善を生むとか、そういう形で否定されてキリスト教が出てきたという説明がされたままなんですよ。世界史のイエスの描写が、わたしの高校のときと今の高校生の教科書で、キリスト教が出てくるまでのユダヤの説明というのが同じなんです。

**浅井**　自然科学と全然違いますね。

**市川**　そうではなくて、ユダヤ教とイスラームでは、まさに行動と心を分けて、行動のほうはまさに日常生活すべてを、神の言葉で導くんだということで、律法主義を実践している宗教なんです。それに対しての偏見が、ずっとヨーロッパとかキリスト教世界にあるんじゃないかという問題が、今もってあります。

**中島**　同じような仕方で儒教なんかもつぶされましたからね。

**小野塚**　現在の理性の言葉では100%完全な記述はできないということは認める。そういう意味では、実を言うと市川先生のおっしゃっているユダヤ教の神みたいに、直接的には触れることはできないし、対面することもできないけれども、少なくとも言葉を通じて近づくことはできる。だからトーラーの方を愛するという。

無知の知というのは、19世紀風の言葉を使って言うと、19世紀にいったんヨーロッパの人々は神を殺しちゃいますよね。「神は死んだ」と言って。すべて要素還元論的に、あるいは理性主義的に、実証主義的に記述できると浅井先生もおっしゃっているような、まさに19世紀の自然科学、あるいはそれがさらに経済学にも波及して、社会科学、それから社会学の分野の中に、そういうのがどんどん波及してきました。だけど、もう一度今われわれは、神の復権みたいなことを考えないといけないところに、おそらくきているんだろう。ただ、それを単に神秘主義的に、あるいは霊的な体験としての神ではなくて、もう少し無知の知というふうな言葉でもって、消極的な言い方ではあるんだけども明らかに神の復権を宣言しているなという印象を、わたしは受けました。東大ＥＭＰは、20世紀の終わりをくぐり抜けて、21世紀の初頭に立って、原発事故とかそういうものも経験した中でもって、神の復権みたいなことを考えないといけないところにいるということを、なにか示唆していないかなという気がしました。

それからもう一つ、近代西洋はまさにそういうふうにして神を殺しちゃって、要素還元論的で、個人主義的で、実証主義的な科学をどんどん打ち立てたのですけど、その近代西洋で最初に明瞭な窮屈さを感じたのは、まさに精神の病と隣り合わせのようなところで生きてきたマックス・ウェーバー[注53]という人物です。近代西洋人の持っている病理みたいなことを、彼はどう解き明かしたらいいのかをものすごく考えた。そのときに、彼が社会認

[注53] マックス・ヴェーバー（Max Weber, 1864-1920） ドイツの政治学者・社会学者・経済学者。西洋文化と近代社会を貫く原理を合理主義と捉えてその本質を究明し、価値自由の精神と理念型操作に支えられた社会科学方法論を確立した。主な著作に『職業としての政治』『職業としての学問』『プロテスタンティズムの倫理と資本主義の精神』などがある。

識と人間認識の方法として、単に個人の個性の問題としてとらえるのでもないけど、もう社会全体をぼんととらえればいいという立場でもなくて、社会の中にIdeal typesつまり理念型という概念を編み出しました。ばらばらの個人をとらえるのでもないけれども、社会全体を一遍にぼんと記述するのでもなくて、社会の中にいくつかのタイプが、類型が存在していますよという話を一生懸命するわけです。

そのことによって、彼はリッケルト[注54]なんかの言う文化科学、Kulturwissenschaftという分野においても、科学性が成り立ちうるということを言っていて、それを日本では大塚久雄[注55]が人間類型論という形でもって受け継いでいるわけです。これは、永井先生のおっしゃっていたサブクラスとか、階層化という概念なんだろうと、わたしは思いました。これは20世紀初頭、今から100年ぐらい前の概念ですけれども、われわれはもう一度そこに立ち戻る必要性というのがあると思うんです。ばらばらの個でもないけども、一個の社会全体として見ちゃう、集団として見ちゃうのでもない。サブクラスを明晰に立ててみることによって、もう少し個人と社会の両方が立ち上がって見えてくるという状況に、今いるんじゃないのかなという印象を受けました。

**中島**　どうもありがとうございました。「存在の語り方」というタイトルで、この座談会はお話を進めさせていただきましたが、わたしは当初密かに、存在を超えたものを考えていたんですね。図らずも小野塚先生に言っていただいたように、なにか20世紀の存在概

[注54] ハインリヒ・ヨーン・リッケルト（Heinrich John Rickert, 1863-1936）ドイツの哲学者。新カント派の代表的な人物として知られる。

[注55] 大塚久雄（おおつかひさお、1907-1996）日本の経済史学者。専門はイギリス経済史。西洋諸国における近代資本主義、近代市民社会の研究で知られる。主な著書に『近代欧州経済史序説』『共同体の基礎理論――経済史総論講義案』『欧州経済史』などがある。

念に収まらないようなものに、いろんな角度からアプローチできたなと思っております。

ありがとうございました。

# より深い思考へ

# タルムードと日本文化

市川　裕

## はじめに

旧約聖書は既に日本の文化の一部になっているかもしれません。日本人にも多くのキリスト教徒がいますし、そうでなくとも聖書の内容は広く知られています。しかし、ユダヤ教では読み方が違っています。タルムードは、ユダヤ社会において、まさにそのヘブライ語聖書の読み方を確立したテキストです。それを読むことによって、日本人のわたしたちとどんな出会いがあるのか。これから本格的に出会ってほしいと思っているのですが、それを考えてみたいために、こうした題名をつけました。

まず、わたしがこの表題に込めた意図を知ってもらうために、2つほど、前置きをしておきたいと思います。

第1に、これと似たような表題の有名な著作があるのをご存知でしょう。『禅と日本文化』です。鈴木大拙が英語で執筆した本ですが、禅仏教がいかに深く日本文化に浸透して武士道や芸術作品を生み出してきたか、そのことが詳細に記述されています。これは最初、英語で書かれましたから、想定された読者は日本人ではありませんでした。わたしは、この本が、外国人を相手にしていなかったら、到底思いつかない発想から書かれているると思われてなりません。外来の宗教が日本人の心にどう浸透したか、これを外から観察する――そういう視点がないと書けないと思います。ちょうどそれと同じように、少し突き放したところから、タルムードという外来の宗教テキストが日本の文化にどんなインパクトを与えうるか、ということを考えてみたいのです。禅仏教の場合には過去から現在までの話でしたが、タルムードの場合には、今から未来に向けてのことを考えるということが、大きく違う点でしょうか。

第2に、日本の精神文化を考えるとき、外来の思想の影響がなんと多くあるかということに思いを馳せていただきたいと思います。英国には、そうした発想から書かれた書物があるのを知って、わたしはさすがだな、と思ったことがあります。遺産、レガシー、という題の書物がオクスフォードのクラレンドン・プレス社から、1927年頃にシリーズで何冊も出版されているのです。その中には、ギリシアの遺産、ローマの遺産、イスラエルの遺産、イスラームの遺産、中世の遺産などが含まれています。これは、自分たち英国の精神文化がどういう過去の外来文化から影響を受けて今日があるか、という視点から書かれたものです。わたしはこの視点に注目したいのです。日本について言えば、これまで中国、インド、朝鮮半島から、儒教、仏教、道教、漢字文化、律令体制等々、あまたの人・モノ・書物が流入しました。そして近代以降は、欧米から巨大な文化的影響を受けて今日が出来上がっています。先ほど申し上げた『禅と日本文化』という著作は、そういう視点で読むととても参考になる著作だということがわかります。また、こうした、精神の交流の蓄積の上に日本の精神文化が今存在しているということを考えれば、「国粋文化」というようなものが、いかに観念的でしかないか、あるいは意図的に作り出そうとする作為的な企てでしかないことが、了解されるのではないかと思います。たとえそれが最初は外来のものであったとしても、その教えや内容が優れていることがわかれば、率先して身につけるべきであって、排斥するのは愚かなことであろうと思います。それを判断できる目を養うことが教養であり学問です。その学びを絶やしてはならない。

そうした中で、日本に関して言えば、イスラームと並んでユダヤ教の文化がこれまで疎遠であったことが挙げられると思います。確かに、まったくの没交渉だったわけではなく、昭和初期のイスラーム研究は、大東亜共栄圏のムスリムを研究するプロジェクトでしたし、関東軍の満州進出に合わせて、満鉄事業部がタルムードの翻訳を企てたように、若干のユダヤ研究もありました。特にユダヤ人に関しては、過去に、ほのぼのとした親近感を感じてか、日本人のルーツを遠く古代イスラエル民族に求めるロマンチックな日猶同祖論がはやった時期もありましたし、『日本人とユダヤ人』（イザヤ・ベンダサン）という比較文化論が展開されたこともありました。ユダヤ人の知恵やジョークを集めたエッセイは何種類も出版されてきました。他方では、日本でも『シオンの議定書』を基にユダヤ人が世界支配の陰謀を巡らすかのようなユダヤ脅威論を真に受ける人々もいたかもしれません。

そうした中で、もっと深くユダヤ人の歴史やものの見方、さらには宗教思想を知ろうとして、ユダヤ教そのものへの理解を目指す試みが為されてきました。19世紀の西欧に陸続と輩出したユダヤ系思想家、たとえば、K・マルクス、S・フロイト、E・フッサール、C・レヴィ＝ストロース、H・アーレントなど、挙げればきりがありませんが、こういう人々の思想にもユダヤ性を認めるのであれば、日本でも今日では相当程度、ユダヤ思想の精神的影響が、日本文化に計り知れないインパクトを与える時代が到来したと言えるかもしれません。

わたし自身は、旧約聖書の研究から古代ユダヤ研究に転じ、それも、いわゆる律法研究に向かったという点では、ずいぶんと異例な研究歴を持っているかもしれないと思っています。幸いなことに、最近の10年間で、広い意味でのユダヤ思想とユダヤ教を研究する人々の層がとても厚みを増しています。

手探り状態で研究を始めてから40年近くが経ちましたが、最初から手をつけながら、果たせないでいる課題があります。それは、これらのユダヤ思想を、自分自身の思想を鍛えるために、あるいは、自分自身をより深く理解するという心構えで取り組んだとき、これらのテキストはわたしたちになにを語りかけてくるのか、ということなのです。そのために選んだのが、タルムードでした。この課題に対して突破口を開きたいというのがいまの思いです。

## タルムードから浮かび上がるユダヤ精神文化

さて、ここから本題に入っていきたいと思います。先ほど、タルムードは、ユダヤ教の聖書の読み方を確定したということを申しました。これはどういうことかです。

旧約聖書は日本でも知られています。日本ではこれを小説のように物語として読んでしまいがちです。しかし、ユダヤ教徒は、伝統的にこれを唯一神が人間にその意思を示した言葉として受け取ってきました。啓示の書、あるいは、天啓の書は、永遠に妥当する意味を持つものであり、イスラームで言えば、クルアーンに相当するものです。それほどに重大なものです。

これを読んでまっさきに驚くのは、ユダヤ教徒にとって大変に都合の悪いことがたくさん書いてあることです。シナイ山で神と契約を結んだ直後に、金の子牛の偶像を制作して罪を犯したこと。あるいは、十二部族の精鋭がスパイとなって約束の地を偵察しますが、彼らは偽りの報告をして過ちを犯し、これが原因で民は荒野に40年とどまるという定めを受けています。コラとその仲間たちがモーセに反逆してイスラエルの民を分裂させようとした罪。さらには、神に選ばれた民でありながら、国は亡び、神殿は破壊され、捕囚という苦汁を舐め、ついには世界中へ散らされた「離散の民」となってしまった。恒常的に迫害に晒されてきた。

神の啓示の書であるからには、これと向き合わねばならないのです。自分に都合が悪いからといって、捨て去ることはできない。とことん、それと向き合わねばならない。理想と現実の乖離、といってしまえば簡単ですが、これと向き合わねばならない人々は大変です。しかし、タルムードのラビたちは、これを正面から受け止めて、己を顧みるようすがとしてユダヤの民を鼓舞し、ついには、ユダヤ教徒を神にとことん尽くす民に仕上げていったのです。

聖書の最大の功績とは、これを編纂した人々に非常に都合の悪い記述を残したことであろうと思います。そして、ユダヤ教の最大の功績とは、聖書を神の教えとして徹底的に学習したことであろうと私は考えています。

さて、タルムードというのはなんでしょうか。次ページの、タルムードの1頁をご覧ください。これは一般に市販されているタルムードの標準的なテキストです。タルムードというのはヘブライ語で「学習」という意味です。単に学習を指すのみならず、これは、「トーラーの学習」を意味します。トーラーとは、神の教えです。ユダヤ教徒は、神の永遠の教えが、預言者モーセに啓示されたと信じています。文字に刻まれて伝えられたものが、「モーセの律法」です。聖書では、モーセ五書に当たります。しかし、これのみならず、彼らは、神がモーセに伝えた教えには、文字に残されずに口頭で伝承された教えがあるという考えを持っています。モーセからヨシュアへ、ヨシュアから長老たちへ、長老たちから、預言者たちへ、さらに、それは、バビロン捕囚後、エルサレムの大集会の人々を経て、ユダヤ賢者、ラビたちに伝承されたと考えられました。そして、その口伝の教えを最終的に編纂したものが、ミシュナと呼ばれる教えです。これは「法規範の集大成」と考えてよいものです。西暦200年頃、ガリラヤで成立したと考えられています。

西暦200年とは、ユダヤの歴史でいうといつ頃でしょうか。ナザレのイエスが出現して、キリスト教が成立した後です。さらには、ユダヤ人がローマ帝国とたたかった2度のユダヤ戦争よりも後のことです。神殿を失い、国家を失い、エルサレムという都市から追放された後の出来事です。ミシュナの編纂は、ユダヤ人が歴史の舞台から去ったと思

①〜④が最初に印刷されたヴェネツィア版。⑤⑥はのちに追加された。ベラホート(祝福)篇冒頭頁2a(ヴィルナ・ロム版)。

出所：市川 裕『宗教の世界史 7　ユダヤ教の歴史』(山川出版社、2009 年) 付録 19 頁。

われた後によみがえったといってもよい出来事なのです。そうした苦難の時代に、ラビが活動をはじめました。ユダヤ教では、まさに苦難の時代は賢者が輩出した時代だったのです。

西暦200年頃にミシュナが成立してから、ユダヤ社会において、神の教えの学習は、文字に書かれたトーラーと口頭で伝わったトーラーの両方を学ぶことを意味しました。その学習の成果が、タルムードなのです。アラム語で学習を意味する言葉が、「ゲマラ」あるいは「グマラ」です。実は、タルムードとゲマラは同義語です。

タルムードの一頁を見ていただければわかるとおり、中央のコラムの周りに、それ以後のユダヤ賢者による学習が続いています。そして今日に至るまで、タルムードの学問は絶えず学習され続けました。それゆえ、ユダヤ人の精神文化を知るには、タルムードを知ることが不可欠なのです。

しかしこれは大変難解な書物と言われます。ユダヤ人のほとんど誰もが、そう言います。そして、実際、それは難解な書物であり、わからないと退屈しますから、その結果、タルムードはつまらないものと思われかねません。したがって、ユダヤ教を研究する者には大きな責任があります。いかにタルムードが価値ある書物かを語っていかねばなりません。誤って紹介することは大変罪深いことだと思います。

さいわい、20世紀のユダヤ人思想家が、一般の人々に向けてタルムードの意義を語ってくれています。少し紹介してみましょう。

実存主義哲学者として著名なエマニュエル・レヴィナスは、タルムードに関する講義を何冊も出版しています。その中の一冊、『タルムード四講話』(内田樹訳、国文社、1987年)で、彼はこう語っています。

タルムードは、「知的な格闘、果敢な切開作業」である。それは、「具体的で瑣末な問題を論じているようでいて、根本的な概念を掘り下げている」。「タルムードには信仰心に凝り固まった教条主義的アプローチは決して許されないこと、それどころか神学的アプローチでさえ許されないこと」。西欧に生きるユダヤ人にとって、タルムードを現代的意味に翻訳して定式化することは、「土地取得とは異なるシオニズム」である、とも語っています。忘れてならないことがあります。レヴィナスは40歳を超えていたときに、シュシャーニという天才的な流浪のラビの薫陶を受けたという点です。よき師匠についてタルムードを学ぶことが必須の条件でなければなりません。

放浪のラビ、シュシャーニから強烈な印象を受けたもうひとりの人が、エリー・ヴィーゼルでした。こちらは、17歳で強制収容所を生き延びた直後の短期間でしかありませんでしたが、若かっただけに、その印象は強烈だったのでしょう。そのときの衝撃が回想録(『そしてすべての川は海へ——20世紀ユダヤ人の肖像』村上光彦訳、朝日新聞社、1995年)に記されています。シュシャーニの学問とは、先入見を砕いて知ったつもりの慢心を根底から覆し、根拠を問い、問いに向かってたゆまず推進する力を引き出すこと。そのやり方は、知識を立て直す前に徹底して破壊するというものだったといいます。その凄さは、未熟な学問を根底から破壊して立て直すという離れ業のようです。

アメリカ合衆国でシュシャーニ以上にヴィーゼルに感銘を与えた人物がソール・リーベルマン（1898-1983）という稀有なタルムード学者でした。その深い学識と透徹した人間分析、すべての学問がタルムードの中で体系的に組織され整理されることに驚愕し、終生、人生の師として接したというのです。師との一対一の対話は師の逝去まで、17年間、週2回ないし3回続けられたのでした。（拙論「ユダヤ教におけるタルムード学の意義と批判精神の育成」『宗教研究369』2011年）

## タルムードは何を語るのか

では、これから、タルムードに現れるユダヤ的なものの考え方を、3つのテーマに沿って考察してみたいと思います。3つのテーマは日本文化との対比を意識して選んでみました。第1の問いは、「和」ということについてです。これは、聖徳太子の十七条の憲法に語られる教え、「和をもって尊しとなす」という教えを意識してのことです。第2は、選びの民という教えについてです。これも、日本は神の国であるというような言説を意識しています。第3の問いは、罪の意識と悔い改めに関する問いです。罪は水に流すことによって簡単に赦されてしまうような軽いものなのかどうか。

## 和について

日本人は和を大切にするということが言われることがあります。では、争うことはよくないことなのかどうか。論争はしばしば起こりますが、言葉による争いは必要な場合もあるのではないか。戦争は悪である。武力による争いは避けるべきである。これは確かにそのとおりだとすると、どうすれば、武力に訴えずに争いごとを解決できるか。さて、ユダヤ人は、タルムードの時代から、武力を持たない少数集団として、世界各地に生き続けた非常にまれな集団です。彼らは、争いということをどう考えたのでしょうか。

和というアイデアは、弱者を強者に従わせるための格好の理由として利用されることがあります。15年ほど前、ヘブライ大学でユダヤ神秘主義を教えていたラヘル・エリオール教授を3か月間東京大学に招聘して講義とゼミをやってもらったことがあります。その時、共同で大学院ゼミをやり、英文で聖徳太子の十七条の憲法を読みました。その時2人ともが感じたことは、和の尊重とは単に権力者に都合のよい主張に過ぎないのではないか、ということでした。和という言葉に騙されてはならない。大事なことは、正義とか物の道理とかが語られているか、少数意見が納得できるような論争の解決法がきちんと備わっているかどうかということです。社会的には、和は大事かもしれません。しかし、人間が生きるうえで、正義とか自由とか、形而上の価値が認められねばならないはずです。

ユダヤの考え方はどうでしょうか。真っ先に思い浮かぶのは、ラビの格言に出てくる言葉です。ミシュナのアヴォート篇に次のような教えが見られます。

「天のための論争はすべて、その結末は成就する。天のためではない論争はすべて、その結末は成就しない。天のための論争とはどんなものか。それはヒレルとシャンマイの論争である。では、天のためではない論争とは。これはコラと彼の共同体の論争である（ミシュナ・アヴォート篇5：17）。」

「天のための論争はすべて、その結末は成就する。」これは、論争の目的が達せられ、神の栄光が高められるということを意味しています。これに対して「天のためではない論争はすべて、その結末は成就しない。」あるいは、立ち行かないということ。「天のための論争」とは、抽象的にではなく、具体的な人物同士の論争があがっています。それが、ヒレルとシャンマイの論争です。では、「天のためではない論争」とはなにか。これも、モーセ五書に見られるコラと彼の共同体がモーセに仕掛けた論争が名指しされています。

意見の対立と論争は、それが天のため、すなわち唯一神のためである限りは肯定されるという考えが、ここに語られています。ヒレルとシャンマイという名前からわかるとおり、これはラビという身分が生まれる先駆となった賢者です。まさにラビたちが登場する最初から、論争が肯定されていたのです。おそらく、この教えが生き続けたのでしょう。ミシュナの中には、対立する複数の意見が、併記されている場合が少なくありません。ミシュナは、口伝のトーラー、すなわち神の啓示であることから考えると驚くべきことです。神の意志を探ろうとする人々が集まったとき、複数の意見が出ても許容され、それどころか、推奨されてさえいるように思われます。

神の教えなのに、ラビたちの複数の違った意見が伝えられたら、後の人々はどう対応したらよいのでしょうか。タルムードというテキストは、その学習の仕方の見本を示してくれます。興味深いのは、多くの場合、異なる意見がどちらも筋が通っていることを論証しようとすることです。それについて、例を挙げて考えてみます。

先に名前が出てきたヒレルとシャンマイは、それぞれ学派を形成して、神の教えをめぐって意見を闘わせたことが知られています。そのひとつとして、安息日などの祭日の夕食の際に行われる聖別の儀礼をめぐって、両派が対立していました。ユダヤ教では、一日は日没から始まるので、家庭の夕食の前に、安息日聖別の儀礼が行われるわけです。その際、神が安息日を与えてくれたことを感謝して神への祝福の言葉を語りますが、祝福時には必ずワインを掲げて祝福することが義務付けられています。ワインを飲むときには、ブドウの実という大地の恵みをもたらした神に感謝して祝福の言葉を語ります。では実際の儀礼において、どういう順番で祝福すべきなのか。

ミシュナの規定は、両者の主張だけをそっけなく簡略に示しています。シャンマイ派は、先に安息日について神を祝福し、しかる後、ワインについて祝福する。これに対して、ヒレル派は、ワインについて祝福し、しかる後、安息日について祝福するとだけ語っています。

そんなことはたいして重要ではない。どちらでもよいではないか、と思われるかもしれません。しかし、これはまがりなりにも神の意志を定めることですから、各自、自分の好みで決めてよいことではありません。ここで問われているのは、たとえ些細なことに見えようとも、神が命じた祝福のわざを行うことに関わっています。ミシュナに残されているのは、祝福行為の順番について両者の意見が対立したことのみです。どちらも自分の主張を譲ることはしなかった。それは、天の御栄えのために必要だったからです。安易に妥協してはならない。

ミシュナの教えを受けて、それ以降の賢者たちは意見が違った理由を考えることになります。次の引用を見てください。ゲマラの議論は、それぞれの主張の根拠を探っています。なぜ意見が対立したのか。その理由はなにか。ゲマラは通常、問いと答え、反論と再反論、というようなやり取りの形式で書かれています。ここでは、バライタと呼ばれる伝承が紹介されます。ミシュナと同時代の教えながらミシュナに含められなかった教えのことをバライタと呼びます。ここでは、バライタの伝承が、意見の違いを残していることに注目して、バライタの学習によってミシュナの意味を考えたことがわかります。

「**ミシュナ**：シャンマイ派曰く、祝日について祝福し、しかる後、ワインについて祝福する。しかしヒレル派曰く、ワインについて祝福し、しかる後、祝日について祝福する。
**ゲマラ**：賢者はバライタでこう教える。シャンマイ派曰く……祝日が原因でワインが来るが、すでに祝日は聖別されたが、まだワインは来ていない。しかしヒレル派曰く……ワインが原因で聖別の祈りが語られるのだ。別の解釈。ワインの祝福は頻繁で、祝日の祝福は頻繁ではない。頻繁なものとそうでないものでは、頻繁なものが優先する。こうして、ハラハーはヒレル派に従う。バビロニア・タルムード、ベラホート31b」

シャンマイ派の意見では、時間に従って祭日がやってくるから、それを受けてワインによる祝福が必要となる、というふうに考えたことがわかります。それに対して、ヒレル派では、この世にワインがあるから、それを用いて安息日の聖別儀礼を行うことができる。したがって、ワインが先で、それを原因として聖別があとにくるということになる。どちらにも、まっとうな理由がある。

両者の対立には、また別の理由が示されています。ヒレル派によれば、ワインによる祝福は頻繁に行う儀式行為なので、頻繁な儀礼を先にすると考えていたということが明らかにされます。これに対して、シャンマイ派は、中心となる儀礼の趣旨に着目して、趣旨に沿った儀礼を先に行うという考えであることが示されます。どちらにも、まっとうな理由がある。

では、神の意志はどうなるのか。互いに相手を説得することによって考えを変えさせることができないとすると、残るは挙手による多数決になります。当時、ヒレル派が優勢だったようで、実践上の定めはヒレル派の考えに従うことに決まったのです。こうした場合には、「ハラハーはヒレル派に従う」という言い方がされます。多数決に関しては、ユダヤ社会において3人の裁判人による判決においても意見が分かれたときに行われていました。

以上の内容から、神の意志は人間の多数決で決定されるということがわかりました。昔の聖書時代のイスラエルであれば、預言者が登場して神の意志を告げるのかもしれませんし、占いやくじが用いられるかもしれませんが、もはやイスラエルの預言は停止して久しく、くじなども一切使われていません。ギリシアであれば、ソクラテスが登場して模範的な意見を示すとそれが正しい答えになったかもしれません。しかし、ここユダヤ教のラビたちの社会においては、そういう神を代表するような権威はもはや存在しません。

占いなどにも頼らなかった。これを受けて、ユダヤ教は「呪術からの解放」を果たしたと論ずる学者もいます。したがって、あとは、その時代のラビたち自身が決めねばならないのです。

これを「トーラーはすでに地上に与えられた」という言い方がされます。どちらの見解を是とするかに、神は介入できないのです。相手の主張がより筋のとおったものと認めれば見解が統一されますが、対立したままの時は、挙手によって決定されることになった。少数意見は記録に残されるが、実践の上では多数意見の見解に従うことが義務付けられます。

各時代の最高の地位のラビたちは、互いの意見が道理にかなっているかいないかをめぐってやり取りしたのです。「やり取り」のことを「マッサー・ウマッタン」、「質疑の応酬」を「クシヤー・ヴェテルーツ」と言います。異なる意見を出し合うことは、最高の権威から始まっていることになります。こういう社会は実にめずらしい。なぜこういう社会が生まれたのか。次に、この点を考えてみましょう。

トーラーには神の意志が表明されているといいますが、例えば、安息日を実行しようとすると、次々と具体的な実践上の問いが生じます。すべての仕事が禁じられるというが、何が仕事とされるのか。食事はどうなるのか、火の使用はどうか。あるいは、家畜を休めるとはどうすることか。その1つひとつを神の意志として決定していかねばなりませんが、文字に書かれたトーラーには限られた事柄しか教えが定められていません。父祖伝来の習慣がある場合はそれに依拠することができますが、新たな問いをきっかけにして新たな規則を定める必要が生じてきます。慣習や前例がない問いが次々と出されるにつれて、ラビたちは、互いに意見を出し合って神の意志を決定していこうとした。その蓄積が、ミシュナとして西暦200年頃に確定されたのでした。ミシュナはしばしば、すれすれのところで境界線上の問題を論じているため、とても理解しにくくなっていると言えるのです。

ここでは、新たな問いを出すことがとても重要な営みとされていることがわかります。神の戒律同士の衝突は、実際上も理論上も起こりえます。たとえば、古典的な例を挙げると、戦争中に安息日が来たらどうするのか。安息日に死にそうなけが人の手術をしてよいのか。神殿で日々いけにえを捧げますが、安息日や祭日には禁止すべきなのか。そうした難問はラビたちの知性を刺激します。しかし、誰もが人間である以上、完全な知識を持つわけではなく、神を代理することもできない。したがって、つねに複数の異なる意見が出て、一義的に決定できない場合が生じるのです。だから、意見のやり取りや質疑の応酬が起こるのは必然的だったと思われてなりません。そこが、ギリシア哲学と大きく違う点です。

プラトンの哲学は対話形式で書かれていますが、模範解答が必ずあって、ソクラテスの言葉によって示されます。アリストテレスにおいてもどのように考えるのが正しい思考かが書かれている。しかし、タルムードは神の意志を探究する人間の側の営みです。それゆえ、これこそが神の意志である、という絶対的な正解はあり得ないということになる。人間の思考による積み重ねの上に、理性的に納得のいく行為規範が生み出されてきた。これがユダヤ精神文化のエッセンスではないでしょうか。

これを卑近な表現で言うと、「ユダヤ人が2人いれば、3つの意見が出てくる」というものでしょう。それともうひとつ。問いの重要性です。エリー・ヴィーゼルの自伝の中にも出てきたと記憶していますが、ユダヤ人の親は子供がテストで満点を取ったことより、良い質問をしたことを褒めると言われます。よい質問とはなんでしょうか。先生も生徒も誰も答えが見つからないもの。あるいは、人を深い思索に導くような質問でしょう。新たな問いを考えることは、学校教育の場だけに限られず、いくつになっても、どのような境遇においても必要なことです。それは常に既成の枠を超えていこうとする挑戦です。それは既成の知識の枠、社会秩序の枠でもあり、また世界観の枠でもあります。

ユダヤ教の世界で問いの重要性はいつ頃から生まれたのか。これも、ラビたちのグループから生まれたように思われます。こういう、伝承があります。「学塾（ベイト・ミドラシュ、トーラーの学び舎）に発見（ヒドゥーシュ、新たな事柄の発見）がないことはありえない」（トセフタ・ソター篇６：８）。ラビの学び舎では、新たな発見のない学びはないというのです。これは、師匠であるラビたちが別の用事のため欠席したとき、弟子たちは自分たちには新たな教えを議論することなどできないと思い込んでいたが、師匠たちが帰ってきて、今日はどんな新たな教えの発見があったかと尋ねられて、言葉に窮したとき、師匠のひとりが語ったとされる教えです。

この伝統は、聖書解釈でも発揮されていて、今日でも聖書の新たな意味の発見は聖書を愛する者の醍醐味となっているのです。もう一つ大事な点を指摘しておきます。

神の教えをめぐって自由に自分の意見が言えるという環境は、人間社会では大変めずらしい現象です。社会的政治的権威者は、そういう自由な意見の表明を嫌います。怒らせれば死も覚悟されるのが常でした。それに比べて、ラビたちの集団では、最高のランクのラビ同士が意見を闘わせたということは、時の宗教的権威や政治権力の不当な介入やそれらへの不本意な同調ということが避けられたということです。これこそは、ユダヤ社会に批判的精神が育成された最大の理由ではないか、と考えることができます。

学問に対する重要な概念も生まれました。「トーラーそれ自身のため」の学習という言葉です。ヘブライ語で、トーラー・リシェマー Torah Lishma と言います。これは、神の教えを学ぶことには、妥協が許されないこと、とことん理性的根拠が要請されたこと、知識に対する尊敬、こういったことが、徹して追究されたということです。

## 選びの民

続いて、第二の問いに進みます。ユダヤ思想の特徴として、選民思想が挙げられます。一般には、ユダヤ人の選民思想を指して、ああいう自己中心的で自分勝手な思想はよろしくない、といった批判を含んだ言葉として使われているように思いますが、みなさんはどう思われますか。ここでは、ユダヤの選民思想の本来の意味を明らかにするとともに、自己中心的な選民思想との違いについて、考えてみたい。自己中心的な選民思想は差別意識を助長し無用な争いを生む原因となりますが、実は、どの民族にも、どの人間集団にもあまねく見られるように思います。ギリシア人とバルバロイ、中華思想、日本の神の国思想、アーリア民族の優秀性、白人の優越等々。人間の悪性を考え、その克服を実行するうえでこれは無視できないテーマだろうと思います。

先に引用した、論争を肯定するミシュナの言葉から入っていこうと思います。ミシュナは、すべての論争が肯定されるとは言っていません。天のための論争でないならば、その論争は是認されません。そして、その例に挙がっているのは、コラとその仲間がモーセに仕掛けた論争です。天のための論争ではないことが、どうしてわかるのでしょうか。

この論争は、モーセ五書の民数記に出てくる事件です。コラという人は、モーセと同じレビ族の出身者で、モーセのいとこにあたりますが、モーセとアロンの指導権に対して挑戦しました。モーセよ、なぜ君一人が偉いんだ。君は分際を超えている。こう言って、仲間を募って、強力な集団ができました。荒れ野のただなかで、集団が分裂するかもしれない危機的状況になります。ではこの時、コラの主張に正当な理由はあったでしょうか。

聖書の記述に従えば、こののちに神の審判が下って、コラとその一族は生きたまま奈落の底に突き落とされました。ということは、コラは罰せられたわけです。コラはなぜ罰せられたのでしょうか。考えられる理由を3つほど挙げてみましょう。

第一には、コラはモーセに反抗して社会の秩序を乱した。これは集団を分裂させ、集団の死滅につながるという理由。しかし、ミシュナはコラの主張が「天のためではない」と語っています。モーセに反抗したこと自体を理由には挙げていません。反発それ自体が罰せられたのではありません。正当な理由があれば、その主張は是とされたはずです。したがって、罰せられたのは別の理由によると考えられます。

そこで、第二の理由ですが、天のためではない、という意味は、コラがモーセの指導権を妬んでその地位を羨んで仕掛けた論争だったという理由が考えられます。天のためを装いつつ、自分が指導者になりたいだけの権力闘争だったと理解されます。自己中心的な動機に依っていたという解釈は可能でしょう。

もうひとつ、第三の理由が考えられます。コラはモーセを妬んだのではなく、真剣に集団の権威について意見を主張したという場合です。それでも、彼の主張の内容自体が天のためではなかったということが言えるかどうかという問いです。

コラはこう語っています。「わたしたちすべてが聖なる民であって、その中に神もおられるのだ。」コラの言い分によれば、イスラエルの民は無条件に聖なる民となっています。神は、それがユダヤ人であるがゆえに、それだけの理由で特別に選んだのだという主張となる。果たしてこれはトーラーが語る選びの民の教えでしょうか。違いますね。これは、イスラエル特有の選びの思想ではありません。どの民族にも見出せる自己中心的な選民思想そのものがここに表れています。しかし、聖書の神は特別に優れたという意味でイスラエルの民を無条件に聖なる民に選んだのではありません。イスラエルの民は、神の契約を守り戒律を実行することによってはじめて、神に対して聖なる民となることができる。しかし、教えを守らなければ、聖なる民でもなんでもない。何ら特権はないのです。

民数記16章を受けて、ラビたちの思想においてさまざまな理由が語られましたが、コラのような主張は一切出てきません。コラの思想はイスラエル独自の選民思想ではなく、どの民族にもありそうな教えにほかなりません。それどころか、これは明らかに偶像崇拝とみなすべき誤った思想です。トーラーは、コラたちのこの主張を断固として拒否し、彼らを厳しく罰したと理解することができるのではないでしょうか。

ユダヤ教徒にとって、選びの民は決して世俗的繁栄を意味していませんでした。とはいえ、国が亡び、神殿を破壊され、国を追われるほどの仕打ちを受けるのはなぜなのか。この現世における苦難という現実と神の選びの民という教えとのギャップに、真正面から向き合わねばならなかったのです。もし、ユダヤ教が民族の世俗的繁栄を理想に掲げるような宗教であったならば、とうの昔に失われていたと思えてなりません。ちょうど、レヴァント地方の似たような多くの小国が、大国によって滅び去ったように。

ラビたちが自問した中で導き出した答えのひとつが、とてもふるっています。E・レヴィナスが取り上げたもののひとつでもあります。神がモーセを介してトーラーの契約を結ぼうとしたとき、多くの民族はその要求の厳しさにしり込みした中で、イスラエルの民は、半ば強制的に契約を結ばされたのではないか、という解釈です。聖書にはっきりそう書かれてはいませんが、暗示されているのです。それは、民が契約のためにシナイ山のふもとに立ったときでした。出エジプト記19：7がそれです。

『かれらは山のふもと（タハティート・ハハル、山の底）に立った（出エジプト記19：7）』。神は、イスラエルの民の上に、山を、ちょうど桶を逆さまにしたように置いて言った。この契約を受け入れるならばよろしい。しかし、もし受け入れなければ、この荒野がそなたたちの墓場となるであろう。」*The Babylonian Talmud*, Shabbat 88a.

ふつうは、意味がとおるように「山のふもと」と訳されますが、使われたヘブライ語は、「底」や「下」などを意味する「タハティート」です。これは「山の底」を意味するのではないか。桶やグラスを逆さにしたように、シナイ山を地面から切り離して民の真上に覆いかぶせたのではないか。神の意志に従わなければ、土に埋もれて死ぬまでだと。つまり、これは契約締結を強制したということです。この表現は、人々の反感や抗議の意思をほのめかしているのであると。

その証拠に、民はほどなく金の仔牛像で神の偶像をつくって、神に背いたではないかというのです。確かに、神の強制があったのではないか。しかし、タルムードはそこで終わってはいません。それに続けて、民はずいぶん後になって悔い改めたことを証明しています。ユダヤの民は、エステル記の頃、トーラーの契約を心から受け入れたという解釈が、最後に加えられています。これがすこぶる大事です。

それにしても、ヘブライ語の単語ひとつから、実に重大な問いが出されました。いったいなぜ、神はそれほどまでに契約を強制したのでしょうか。なぜ、嫌がる相手に強制してまで、過酷な戒律で人類を縛り付けようとしたのでしょうか。ここからがまた驚くべき解釈になります。聖書の言葉の矛盾に注目したラビたちは、そこから謎を解きます。創世記の天地創造まで戻って、契約の意義を問うのです。

そのとき問われたのは、天地創造の完成とはいつと考えられるかという大問題です。唯一絶対の神が天地を創造したとき、何を意図したのか。トーラーは7日間による天地創造を語っています。第7日は聖なる安息日となり神は休息しましたから、創造は6日間で行われた。では神の天地創造は6日間で完成したといってよいのでしょうか。まだアブラハムもモーセも出てきていません。人類は果たして神の意に沿うような被造物だったでしょうか。ノアの頃の洪水は、神が人類を罰したことによるのではなかったか。

そのとき、ラビたちの思想のヒントになったのが、天地創造の第6日目だけに用いられたヘブライ語表現でした。聖書はここで、第6という序数に定冠詞をつけた「ハ・シッシー」というヘブライ語で第6日を締めくくっています。ヘブライ語に忠実に訳すと、天地創造の6日間はこうなります。

夕べがあって朝があった。1日。夕べがあって朝があった。2日目。夕べがあって朝があった。3日目。夕べがあって朝があった、4日目。夕べがあって朝があった、5日目。夕べがあって朝があった。第6日目。

このように無理に訳せば、誰もが気づきますね。第6日目だけ、表現が違うと。日本語訳聖書も、このように訳してくれれば、私たちの想像を刺激するはずです。タルムードは問います。この6日目の余分な定冠詞は何を意味するのかと。別の日付が暗示されているのではないか。天地創造が本当に完成したといえる第6日とは果たしていつのことか。

ラビたちは、第6日を、イスラエルの民がシナイ山で神と契約を結んだ日付を暗示すると解釈しました。契約が締結された日は、エジプトを脱出した春のニサン月から数えて3か月目、スィヴァン月の第6日に当たっていたと。つまり、イスラエルの民がこの厳しい内容の契約を受け入れた日こそ、神が意図した天地創造の本当の完成だったのだと。もし、イスラエルがこれを受け入れなければ、神は天地を再び混沌に戻してしまう。そういう切羽詰まった状況において、神は是が非でも契約を結びたかった。そのために、イスラエルが選ばれ、無理やりとも言える仕方でトーラーを受け入れさせたのだと。つまり、イスラエルの選びは世界の存続のためであったということになるのです。

おそらくは、この神の意志が伝わったのでしょうか。イスラエルの民は、契約締結の場に臨んだ時、先ほどとは全く違う態度で契約を受け入れたことが、出エジプト記から知ることができます。契約締結の個所は、出エジプト記24章ですが、ここに、奇妙な一節が登場します。ラビたちは、早くからこの一節にも注目していたことがわかります。イスラエルの民は、神との契約を結んだときに、こう宣言したのです。「わたしたちは、神の言葉を行って、聞きます」と（出エジプト記24章17節）。ヘブライ語では、「ナアセ・ヴェニシュマア」となります。物事は、はじめに聞いてから行うのが普通ではないのか。なぜ、かれらは神の言葉を聞く前に、それを行うと約束したのか。先ほどのような、強制的に、不承不承受け入れたイスラエルの姿はありません。かれらは、神への絶対的な信頼によって、契約を受容する意思を表明しているのです。

「神の言葉を行って、聞きます」という応答の言葉に表明された神への全幅の信頼。これは残念ながら、長続きしません。これでめでたしめでたしではなく、イスラエルは金の仔牛の偶像制作という重大な罪を犯してしまいました。自分たちにとって確かに都合の悪い事件が起こってしまいました。しかし、それを直視するところにユダヤ思想の真実が示されると言えるのではないでしょうか。この後、ラビたちは、神への信頼がいつユダヤの民に戻ってくるのかを実に真剣に議論しているのです。そしてそれを見出したのです。しかし、それは世俗的な繁栄などとは関係がないことがおわかりいただけるでしょう。

この先の議論について知りたい方は、レヴィナスの『タルムード四講話』をお読みください。

## 罪と悔い改め

第3の問いは、罪と悔い改めに関わるものです。ユダヤ教には贖罪日が用意されていて、1年間の罪を神に贖ってもらえます。ユダヤ暦新年の元日から数えて10日目に当たります。日本でも年末大晦日に除夜の鐘のしきたりがありますが、それと同じように、ずいぶん都合の良い日だと言ってはなりません。その日には1日中断食して身を苛み、終日礼拝に明け暮れることが義務付けられています。深く反省し、悔い改めることによって、新たな再生の機会が与えられるのです。しかも、新年から贖罪日までの10日間が実質的な悔い改めの期間であり、1日で簡単にすませられるものではありません。

ミシュナには、贖罪に関する教えがまとめられていて、その中に、罪をあがなう4つの手段についての教えが示されています。「ヨーマ」とは「その日」を意味し、贖罪日を指しています。

贖罪の献げ物と疑問の余地のない違反のための賠償の献げ物は〔罪を〕あがなう。死と贖罪の日は、もし悔い改めを伴うならば〔罪を〕あがなう。悔い改めは、当為命令と軽度の禁止規定の違反〔の罪〕をあがなう。しかし重大な禁止命令の違反については、それ〔すなわち悔い改め〕は贖罪の日が来るまで〔神の裁きを〕留保され、その上であがなう。（ミシュナ・ヨーマ篇第8章第8ミシュナ）

その4つの方法とは。第1が、神殿でささげられるいけにえ。いけにえの種類についての詳細は省きます。それにエルサレム神殿は破壊されてすでに久しい。第2が、人の死。第3が、贖罪日。そして第4が悔い改めとなります。この4つは相互にどういう関係にあるのでしょうか。わたしたちには、「死んでお詫びします」という考え方がありま す。ユダヤ教でも同じように、死は罪をあがなうという思想が明示されているようです。しかし、そこでは次のような文言になっています。死と贖罪日は同等です。死ぬ必要はなくなります。しかし、いずれも、それだけでは不十分で、悔い改めが必要不可欠であると言われます。悔い改めは、「～せよ」という当為命令と軽度の禁止命令をあがなうが、重い禁止命令については、贖罪日の祈りを待って罪があがなわれる。ここからわかることは、人間の罪をあがなってくれるのは、究極的には、悔い改めの行為であり、それと贖罪日であるということになります。命を粗末にしてはならないのです。悔い改めだけでいいの、などと言わないでください。ミシュナは、そういう安易な心の持ち主を、野放しにはしません。次の「悔い改め」の本心を洞察しているではありませんか。

「わたしは罪を犯すでしょう。でも悔い改めます。わたしは罪を犯すでしょう。でも悔い改めます」と言う者は、悔い改める機会を与えられないであろう。「わたしは罪を犯すだろう。だが贖罪の日があがなってくれる」〔と言う者を〕贖罪の日はあがなわない。（ミシュナヨーマ篇第8章第9ミシュナ）

エルサレムに留学した時に感じたのは、夏の季節はあたかも生活全体が悔い改めの季節の到来を告げるかのようだったことです。朝、まだ暗いうちから、あちこちで角笛をふく音が聞かれます。シナゴーグで悔い改めの祈りが特別に朝の祈りの前に、行われているためです。スファファディ系ユダヤ人の間では、贖罪日へ向けて、40日間にわたって贖罪の祈りが行われます。贖罪日に向けて、ユダヤ人社会が全体として身を正して自己を反省しているかのようです。この習慣は、キリスト教では、カトリック教会が復活祭に向けて、レントと呼ばれる肉食を断つ40日間の儀式を持っていますし、イスラームも、ラマダン月の1か月に及ぶ日中の断食によって、身を苛み自らを省みる期間が導入されています。人間が人間同士ではなく、超越的な存在と向き合うことによって、人間とは何であるのか、ということを突き放して考えることができるのではないか。

現代人は、天と向き合うことをやめたと言われます。日本人の伝統においても、超越的な存在として、天という思想があります。仏教も儒教も、そういう超越的存在と人間が向き合うことを教えてきました。一神教の文化でもそうであった。とすれば、洋の東西を問わず、人間が人間として生きるためには、神、超越的天が常に人間の心を支えていることが不可欠だったのではないか。贖罪日と悔い改めは、もっとも素朴でかつ本質的な宗教儀礼なのではないか、と思うのです。

## タルムードと日本文化

話がタルムードそのものから離れてしまいましたが、以上、タルムードから知られるユダヤ精神文化の一端をご紹介しました。「禅と日本文化」に比較すれば、ユダヤ人はタルムードのユダヤ教を実践することによって、道義的な共同体を創造することができたと考えられます。最後に、日本文化の未来を考えるにあたって、タルムードの可能性を考えてみたいと思います。ここで大事なことは、ユダヤ教の学問であるタルムードは、人間の弱さを自覚して、神に義とさせる人間の形成を目指した営みであるということです。その中心に位置するのが、戒律の学習とその実践です。もし、ユダヤ人の道義的態度が、宗教思想とその教育によって形成されたのであれば、日本文化においても、それに匹敵する歴史はないであろうか。

冒頭で指摘したように、禅仏教、そして儒教は、人間の弱さの自覚を促す宗教として、日本の精神文化の形成に果たした役割が想起されるでしょう。タルムードは、西暦6世紀までに成立したユダヤの古典テキストとして考えることができますが、それをいかに教育に生かしていくのかということに思いを馳せるとき、これからの時代に求められる古典教育の条件を考えてみたいと思います。3つほど挙げてみます。ユダヤのタルムードはその条件をもっとも鮮明に保持してきたことがわかります。

第一に、古典テキストは、古代のある時代までにつくられ、完成された思想が語られていなければならない。レヴィナスは、「全ての思想が思惟されたテキスト」であることが肝心だと語っています。聖書も、タルムードも、ギリシア哲学も、仏教、儒教の古典テキストもそうしたもので、現代人が向き合っても、びくともしない思想であるということ。

第二には、そのようなテキストの価値を、皆が共有していて、しかも、誰もがその内容を学び知っており、またその解釈の歴史をもある程度共有していることが大事となります。

精神文化を共有するというのは、そういうことを意味しています。果たして、日本文化の現状はどうなっているでしょうか。

第三には、古典テキストを教え導く特別の身分が存在し、学問が伝達されていく組織的体制が整っていなければならない。テキストがあれば、直接書物から学ぶことはできるが、これらの古典テキストは、人間形成を究極の目的とするがゆえに、究極的な理想としての「聖人君子」たるものが、教えを正しく継承し、直接に弟子を教育できることが肝要である。宗教と結びつくことが、それをもっとも可能にする方法である、ということです。

ユダヤ教におけるタルムードは、この3つの条件を備えた古典テキストであり、神の啓示として、ユダヤ教徒の誰もが価値を共有するにふさわしいテキストです。註釈も連綿と続いており、誰もが教育課程でそれを学ぶ機会があります。そして、模範であるべきラビが厳然として存在し、今も人々を教え導いています。

その観点から、日本の宗教テキストを見直してみましょう。そうすると、近代までの儒教と仏教の古典的テキストは、その3つの条件をある程度保持していたことがわかります。仏教には、日本の鎌倉時代を中心に、命がけの教義論争が存在しました。その後、宗派が並び立ったために、共通に学ぶものはあっても、各宗派に固有のものが際立ってきて、自分以外の宗派の教えには目が向かなくなりました。江戸時代に、教義論争が禁じられたことも、その傾向を大きくしたと思われます。また、儒教は武士階級から一般民衆へとすそ野が広がりますが、明治以降は異質なものが入ってしまいました。さらに、西洋の文物が日本人を魅了するにつれて、共通に学ぶテキストが失われる状況に至ったと言えるかもしれません。日本の精神文化の伝統からいって、西欧のキリスト教や哲学ではやや頼りなく感じます。やはり、伝統の力で、仏教と儒教に頑張ってもらいたいのです。

けれでも、いまだに私の心は満たされません。日本の仏教と儒教、さらには明治以降のキリスト教も含めて見るとき、ユダヤ文化が築いてきた自由さ、そして厳しさが足りないのではないか、と感じています。権力者をも縛る力を本来持っていたこれらのテキストが十分な力を果たせなかったこと、反対に権力の道具として使われた苦い経験に、物足りなさを感じてしまいます。問答無用の社会、どこか抑圧的な社会、そういう社会をいかに修正するか。ユダヤ教が政治権力を持たない中で、タルムードの学問と実践の伝統を2000年近くも維持しえたことに、敬意を表さねばならないし、見習いたいと感じています。

最後にもう一点、ないものねだりですが、日本の文化に是非とも必要な精神的態度を取り上げたく思います。ユダヤ教のトーラーには、優れて深い二つの学習態度が伝えられています。アメリカの高名なラビの語る「座右の銘」に耳を傾けてみましょう。その人の名はロバート・ゴーディス Robert Gordis といいます。このラビは、若いときに、聖書とその後のユダヤの遺産を研究することに生涯を捧げようと心に決めたのですが、今の時代のさまざまな難問がいつも自分の心に割り込んでくるのだった、と述懐しています。ここには、ユダヤのタルムード学習の二つの理想が語られています。一つは、すでに述べたように、「トーラーそれ自身のための学問」（トーラー・リシュマー）ということ。しかし他方で、トーラーは生きるために学ぶのであるから、常に今を生きる人々に教え理解させなければならないし、彼らの問いに向き合って時間を割かねばならない。そういう意味で、「生きるためのトーラー学習（トーラト・ハイーム Torat Hayyim）」も不可欠の理想である。これらは一見矛盾するようですが、「この二つは矛盾するものではなく、補完し合うのだ。」「その時代の生活と思想への感受性を持って、トーラーの諸価値を保持し伝達することが理想である。」（R. Gordis, *The Dynamics of Judaism*, Indiana UP 1990.）と語るのです。

ユダヤ教の最も創造的な時代の模範的賢者はつねに現実の問題と向き合っていた。これが、タルムードの生きた学習といえるものなのです。わたしたちも、是非、こういう古典テキストを持ち、それによって生を歩んでいけたらどんなに力づけられるかと思います。

# 科学から問う「存在」

浅井祥仁

## はじめに

「存在とは？」という問題を科学の立場から考えてみたい。もちろん、科学で存在を議論できるほど科学は進んでいないし、最終的にこの問いに科学が答えることができるかどうかも分からない。それを承知で、読者の皆さんが考える1つの糧になればと思って書いている。素粒子、量子力学、ブラックホールの3つの科学的な側面から、「存在」、特に物質的な意味での存在を考える。これは教科書ではないので、実験事実と定説から始めてはいるが、後半は、こんなふうかもしれないという個人のエッセイと言うべきもので、話半分にして読んでいただけたらと思う。

## 1　素粒子から考える

コインを手にしてもらいたい。ずっしりと重さがあって、怪しく光沢のある金属は、何かがしっかり詰まった「実体」を感じさせるものである。仮想通貨とは違う実体感が安心感（経済学者は違うと言うでしょうが）を生んでいる。そこに、何かしっかりしたものが、「存在」していると思われる。どんどん分解していくと（図1参照）、$10^{-10}$ mくらいの大きさの原子が存在することがわかっている。18世紀頃から20世紀の初め頃までは、この原子が「存在」の根源、すなわち素粒子だと考えられていた。万物の根源が「素粒子」である。

しかし、原子は、原子核と電子に分解されることが、20世紀に入ってわかった。しかも、原子核は、原子にくらべて10万分の1の大きさ（$10^{-15}$ m）である。原子の大きさを野球場だと思うと、原子核は、ピッチャーマウンドの上の1円玉より小さいことになる。電子は、野球場の観客席のあたりをうろうろしている。その間は何もない（?）、空疎な存在が原子であった。ではなぜ、電子（マイナス電荷）は、もっと原子核（プラス電荷）のそばに電気の引力で近づき原子が小さくならないのだろうか？　それが、2節で考える量子論の効果である。電子は、波としての広がりがあるため、あるサイズより小さい場所には収まらず、観客席あたりにいるのである。

その原子核は、陽子と中性子で構成されていて、陽子の数で原子の種類が決まっている（1個が水素、2個はヘリウムと、銅は29個の陽子）。中性子は、陽子とほぼ同数か少し多いくらい。20世紀の初め頃は、陽子と中性子が素粒子と考えられていた。しかし20世紀も半ばを過ぎた頃に、陽子や中性子も、クォークと呼ばれるもので構成されていることがわかった。クォークが集まって、原子核ができており、原子核の質量は、クォークが中で運動しているために生じている。

図1の右端に示すように、クォークや電子が現在、素粒子と考えられているが、それらの大きさはどのくらいだろう。「実体」があるなら大きさがあるように思われる。今わかっていることは、大きさは$10^{-19}$ m以下であることだけである。原子の10億分の1以下の大きさであることがわかっている。（これが現在、人間が調べることのできるもっとも小さい長さである。2節を参照）しかし近い将来、我々がもっと小さい長さまで調べることができるようになったら、クォークや電子に大きさがあることがわかり、同時に素粒子の座から引きずり下ろされることになるだろうと皆思っている。大きさがあると言うことは、その中に何かがあることになるので、その中にあるものが「素」粒子になるからである。こうして考えると、素粒子は大きさがないものになる。

大きさがないものが粒子というのは、イメージしにくい。電光掲示板を連想してもら

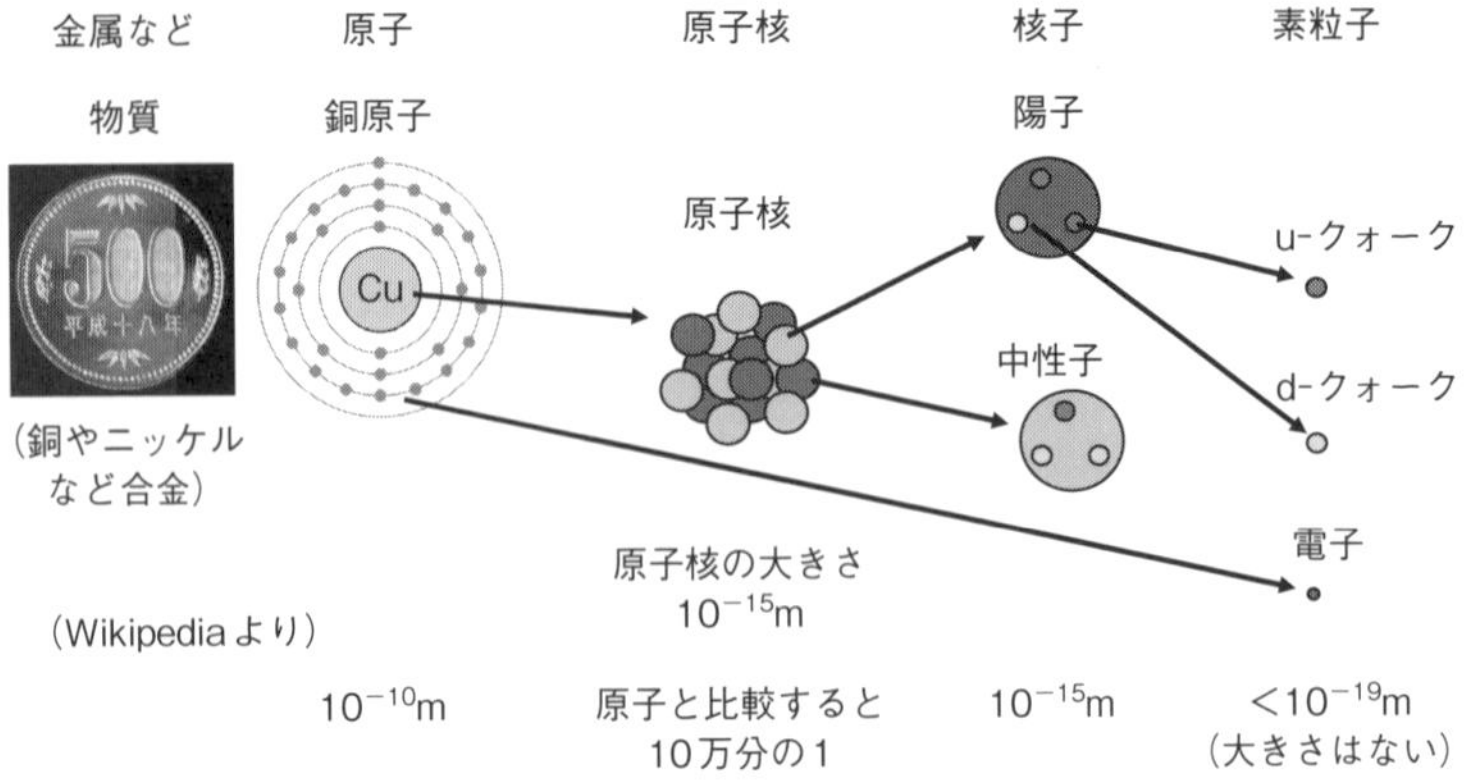


図1　物質を構成する素粒子

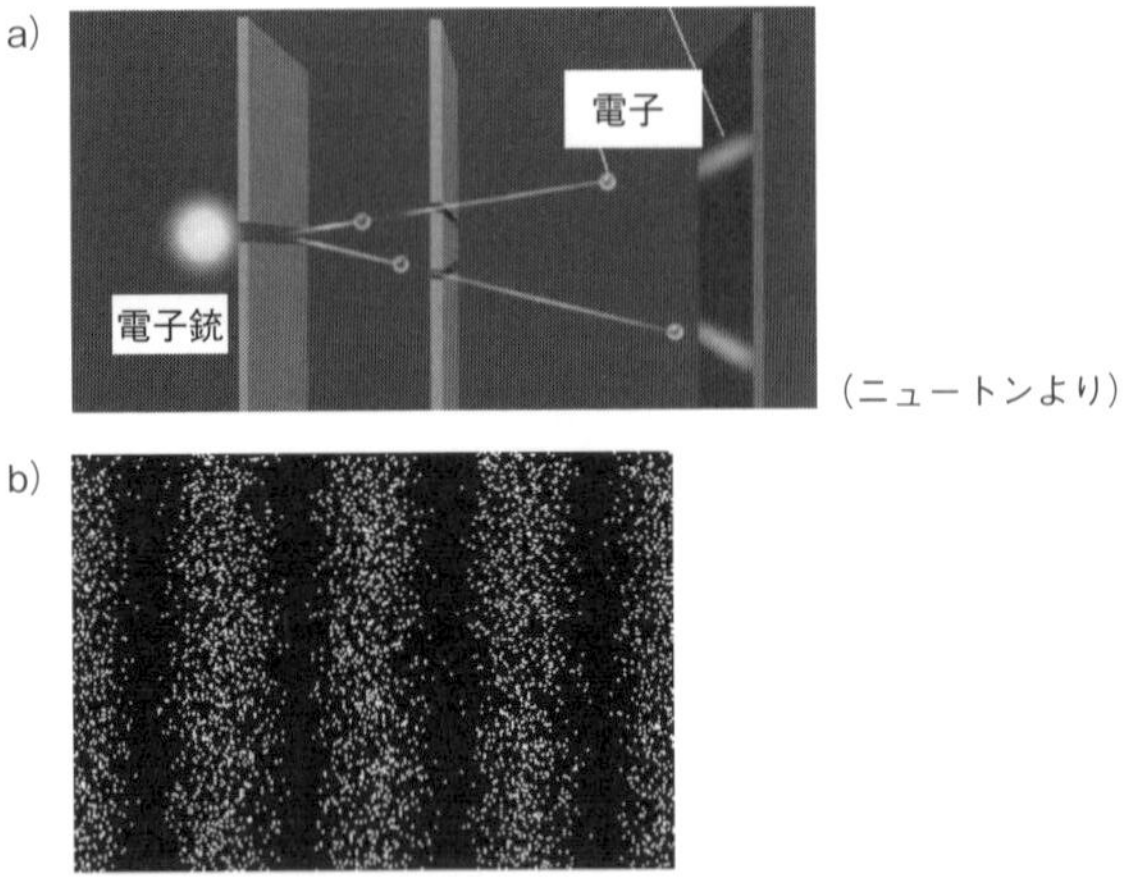


http://www.hitachi.co.jp/rd/portal/highlight/quantum/doubleslit/index.html

図2　電子の二重スリット実験

いたい。新幹線の中で、ニュースなどが流れているやつである。光る一点一点（ドットと呼ばれている）は、動かない。車両の壁に張り付いている。しかし、光るという「情報」が左から右に移動することで、何か光っている「実体」があたかも、左から右に動いているように見える。こんな「情報」のようなものが「実体」なのかもしれない。

なぜ、こんなに飛躍するかというと、例えば、光は強い電場の中を通ると、電子と陽電子（電子の反物質）に別れることがわかっている。光という実体が、別れて別の実体二つに変化すると考えると、その実体って何？　となってしまう。また光のような力を伝える素粒子は、出現したり・消えたりが自由に起こる。何かこう、堅くてしっかりした実体として考えるには、あまりに曖昧な感じのものである。

実体はエネルギーや電荷と言った情報（エネルギーが情報？　って思うかもしれませんが3節で考える）であり、その情報にもとづいて、電光板のドット（「場」と呼んでいる）が光っていて何かがそこに在るように見えているわけである。しかし、実体は、「情報」であり、その情報が、他の情報に加えられたり、分割されたりしていると考えると、大きさのない実体のイメージがつかめると思われる。

ちょっと余談になるが電光板のドットって大きさあるよね？　と思う鋭い読者がいると思われる。この宇宙の背景の場のドットにも大きさがあると思われている。それが長さの最小単位（プランク長と呼ばれている。約$10^{-35}$ m）である。原子核の大きさより、実に

20桁も小さい。ざっくり言うと、我々の住んでいる天の川銀河と人間ぐらいの大きさの違いである。なぜ最小かと言うと、これより近い距離になると2つの物体は、なんであれ、お互いがブラックホールのように見えてしまうからである。すなわちこれより近くに近寄ることができない距離である。なぜ重力が別格？　と思うかもしれないが、重力は、空間の曲がり方によって生じているものであるので、この最小の長さは、空間自体が持っている性質であると思われている。

## 2　量子力学から考える

電子は、図1では点で描かれている。観測すると、点として観測されるため、ある所に局在していると考えられ、粒子だと思われる。しかし、何か点状の実体（粒子）として、我々が普通に想像するように、わかりやすく存在しているものではないこともわかっている。図2に示すように、電子を2つの隙間（スリット）のある壁に向けて発射する。粒子だから、どっちかの隙間を通って、右端の壁にあたり、点として観測されると考えられる。それが「実体」のある電子のように思うかもしれない。電子を1つ発射すると、どこか1点にあたり、そこが光る。これは粒子としての性質である。次の電子を発射すると、また別の点が光る。その光る場所は、（a）の図の隙間から結んだ所のどちらかだけでなく、その間に回り込んでくる。

電子を次から次と発射すると、対応して、それぞれ1点が光る。来た場所を記録していくと、よく来る場所（高い頻度）と、全く来ない所があることがあり（図2（b）の濃淡に対応している）、濃淡のパターンは、2つの隙間から、波を放射して、2つの波が干渉したパターンと同じになる。2つの隙間の中央にも濃い場所があり、2つの隙間を通って来たと思われる不思議なことが起こっているのである。電子は、粒子としての性質と、同時に波としての性質も備えている。これが量子力学のエッセンスである。波は、波長という広がりがあり、波長$\lambda=h/(2\pi P)$となる。hはプランク定数という極めて小さい定数であるが、運動量の逆数になっている。エネルギーの低い電子は、比較的広い広がりを持っている。一方、エネルギーが高くなると、波長は短くなり広がりが小さくなる。これが、あるエネルギーの電子が、あるサイズより小さい領域には収まらないことになり、1節で述べたように電子が原子核のそばに落ちずに、野球場の観客席のサイズに広がっている理由である。

ただこの波は、我々がイメージできる水の波のようなものではなく、何か電子の存在する場所やエネルギーに関連しているだけで、この波がいったい何なのかわからない。イメージできる波という「実体」感がなく、観測していない時は、波になっていて、観測すると粒子になるという「へんちくりん」な解釈もあれば、粒子であるが、波を先行させておいて（パイロット波と呼ばれている）、その波によって粒子の行き先や振る舞いが決まるなど、いろいろ言われている。量子力学が見出されて90年になるが、未だに何なのかわからない。

わかっていることが、隙間のどっちを通ったかを知ると、干渉して濃淡があったパターン（図2b）が消えてなくなり、実体のある粒子となって、図2aのように、通った隙間に対応する所だけに観測される。このような理由で以前は、観測すると状態が変わるというような議論が為されていた。21世紀に入り、光技術の急速な発達で、面白い実験ができるようになってきた。電子の代わりに光を用いて図2のような実験を行う。スリットに特別な仕掛けをしておく、どっちが通ったかがわかる仕組みである。光が上のスリットを通ると、上のスリットの仕掛けから、別の光が出てくる仕組みである。仕掛けを仕込んだ「だけ」では、光は図2bのように、干渉して濃淡が見える。何も見てない時と同じで、波として振る舞っているのである。観測装置の影響というわけではなく、もっと本質的な問題があることがわかる。

今度は、スリットを通った時に放出される光を同時に観測すると、波としての振る舞いが消え、粒子として図2aのような振る舞いになったのだ。「量子遅延実験」と呼ばれる実験は、光（もとの話では電子）がスリットを通った時に、波として振る舞うのか粒子として振る舞うのかが決まるのでなく、どっちを通ったかという「情報」を、後から（スリットを通った時に出る光を観測するのは、当然、通って放出された光が、有限の時間をかけて伝わった後である。これが「遅延」の意味である)、どっちを通ったか否かの「情報」を使うか、使わないかによって、粒子のように振る舞うか、波のように振る舞うかが変わるという、非常にショッキングな結果である。[注1]

## 3 ブラックホールから考える

ホーキング博士が亡くなられた。ホーキング博士というと、「ブラックホールの蒸発(ホーキング輻射)」が有名であるが、何でも吸い込むブラックホールが蒸発するという、逆説的なショッキングさで、一般にも有名になったが、このブラックホールの蒸発が、この「存在とは何か」を考える上で大事なテーマである。

ブラックホールの蒸発がなぜ起こるかというと、ブラックホールの表面(地平線と呼ばれている)の付近で、量子的な効果が起こって起きる現象であり、一般相対性理論と量子力学を融合する第一歩である。20世紀の物理学の2つの大きな金字塔が、一般相対性理論と量子力学である。一般相対性理論は、天体や宇宙など大きな・マクロな存在を記述して大きな成功をおさめた。一方、量子力学は、電子や光といったミクロな存在を扱い、1、2節で見たように、我々の常識を超えた「存在」のあり方を示唆した。この一般相対

[注1] 量子力学を勉強したことのある読者の方へ。スリットを通過した光と、仕掛けで光が通過したことを知らせる2つの光は、量子もつれ(entanglement)の関係にある。通過したことを知らせる光を観測すると、もつれの相手であるスリットを通過した光も観測したのと同じとなり、状態が決まってしまう。それで波の性質が消えて、粒子のようになるのである。距離が離れている2つの光が、量子的に結ばれている実に不思議な現象であり、この量子もつれと、時空(離れているということを定義する)との関係の解明が、量子力学と一般相対性理論(時空の物理学)を結びつける鍵となる。

性理論と量子力学は、融合することができずに１００年近くの時間が流れた。この謎の理解に挑みつづけたのがホーキング博士である。

ブラックホールというと我々の住んでいる天の川銀河の中心には、太陽のざっと１００万倍の質量のブラックホールがある。また重力波の観測で明らかになったことだが、太陽の10倍程度の質量のブラックホールが、頻繁に合体するくらいウヨウヨしていることがわかった。我々研究者は、重力波の観測自体より、軽いブラックホールがそんなに宇宙にいっぱいあることの方に驚いたくらいである。

宇宙にありふれた存在になったブラックホールであるが、何でも吸い込む。光や物質などの粒子を吸い込む。これらの粒子は、エネルギーやいろいろな性質を持っている。情報社会という現代社会で使われている「情報」という言葉とは少し意味が違うが、これらの粒子のエネルギーやスピン、電荷、量子的な状態などのいろいろな性質は、1節と2節で使った「情報」である。問題は吸い込んだブラックホールの中で、それらの「情報」がどうなるかが問題となった。物理学者とは、自分が今何を食べているかは気にかけないが、そんなことまで心配する。

一般相対性理論だけを考えていると、ブラックホールは、吸い込むだけであり、地平線を越えてしまうと、光も出てこられない。こっちの世界とブラックホールの中の世界は地平線を境に隔絶するので、情報がどうなったかはある意味心配しなくてもよかった。

ブラックホールは、毛が3本と言われている。質量、電荷、角運動量の3つしか特徴づけるものがないのである。この3つが同じ値のブラックホールは、全く同じなのである。別の言い方をすれば、吸い込んだ粒子の情報は消えてなくなったと思われていた。

しかし、ホーキング輻射で粒子がブラックホールから出てきて、最後にはブラックホールが消えてなくなるなら、やっぱり情報は残ってもらってないと大きな問題になる。「情報」がどのようにブラックホールに蓄えられて、放出する粒子にどのように組み込まれていくか、あるいは、組み込まれずに、最後に残滓として情報の集合体が残るのか未だにわからない。

わからないだらけであるが、ベッケンシュタイン方程式と呼ばれている面白い示唆がある。それは、「ブラックホールのエントロピーは体積に比例せずに、その面積に比例する。」というものである。エントロピーというのは、乱雑さを表しており、理工系の学生は、部屋が汚れていく様を、エントロピー増大と一度は弁明したことがあると思う。乱雑さというと直感的にわかりやすいが、厳密には、取り得ることができる状態の多さをWとすると、その klnW がエントロピーである。kはボルツマン定数と呼ばれているエネルギー（を温度で割った）を表している。lnは自然対数である。取り得ることができる状態Wが多くなれば、対数的にエントロピーが増える。例えば、気体を例にとる。温度が高くなり速度が速くなると、速度は0から高い速度まで取れるようになるため、取り得ることができる状態が増え、エントロピーが増大する。これを見てわかるように、エントロピーは、体積に比例すると思われる。同じ圧力温度の大気1Lと2Lではエントロピーは2倍になる。

情報という観点から、エントロピーを見てみる。情報と言うと「株価が上がる」などいろいろな情報があるが、究極的にはONかOFFかの1ビットが最小の情報である。この最小の情報が持つエントロピーSmin は、W＝2（ONかOFF）であるので、Smin＝kln2 である。1ビットの情報もエネルギーに対応しており、この情報を消すのにもkln2 に相当するエネルギーが、必要である。情報はエネルギーでもあるのである。忘れることも大変な作業なのである。

我々の世界では、エントロピーは、体積に比例する。しかし、このベッケンシュタイン方程式は、ブラックホールが、どんどんいろいろな物を吸い込んで、大きくなっていっても、中に溜まっていく「情報」は、体積に比例するのではなく、面積に比例する可能性を指摘している。これが正しかったら、ブラックホールの中では、情報は普通の世界のように、空間的に飛び回る存在が担うのではなく、何か紙のような平面の上にきれいに並べられていくのかもしれない。

ホーキング輻射やベッケンシュタイン方程式は、このように、一般相対性理論と量子力学を結びつける一歩になるものであるし、存在が持つ「情報」が、どのように時間や空間の中に保持されているか、そして、それ自体がどのように「存在」になっていることへの理解に繋がるものである。ブラックホールやホーキング輻射の研究が、これからますます大事になる。ブラックホールは手元にはないが、ＬＨＣ加速器を使って、小さいブラックホールができないか？　本物のブラックホールの代わりに、光の速度を遅くして（物質中では光速は、歩くような速度にすることもできる）擬似的なブラックホールをつくって研究できないか？　そんなことを毎日考えている。これから、こうした研究が大事になってくると信じている。

## おわりに

本書には2つの座談会の記録を収録しました。「心の語り方」（2016年12月13日）と「存在の語り方」（2017年4月5日）です。心と存在という古来問い続けられてきた難問を、今日の科学者、社会科学者、人文学者がどう語り直すのかを手がかりにして、新しい世界認識の形を示し、それを社会的想像力の変容に結びつけようとしたものです。あらためてそれぞれの論点を振り返っておきましょう。

第Ⅰ部「心の語り方」においては、合原先生によって、まず脳との関係が提起されました。近代科学の言語である数学を用いた数理モデルが洗練されてきたとはいえ、それによって脳の有する内的な時間を記述することや、無意識を理解することは難しい。また、コンピュータやAIが脳の一部の機能（計算する）を凌駕することはあっても、その他の脳の機能（言語、イメージ、想像力、直感）には及びません。それでも、Φのようなインデックスを用いて、意識の量を測ることができれば、どこで意識が発生するかを突き止められるのではないかというご提案がありました。

　次に、尾藤先生からは、人間さらには動物の神経細胞は、低いエネルギー・コストで情報処理をしているので、情報を捨てていくこと、新しい情報に適応できる余白を残すことになっていて、間違ってもよいという仕組みをしていることが示されました。その上で、脳のシグナルをみると、行動の7秒前にあるシグナルが発せられて、その後行動に移ることがわかっており、ここに意識の場所があるとも考えられているというご指摘がありました。

　それに対して、小林先生は、いくらシステムを構築したとしても、やはり心はそれを逃れる何かであって、かつて「神」や「私」という名で思考してきたものと強いつながりがあるのではないかと批判されました。その上で、例えばその私を自己言及的な自己意識というループ構造で捉え直したり、さらには、近代科学を支えてきた時間そのものが生まれる世界はそうしたループ構造の「私」と繋がっているのではないか、無限小の「私」に無限の時間や世界が現れてくるのではないかという、より突っ込んだ議論を展開されました。

　それを受けた討論を通じてもっとも考えさせられたことは、心が自己に閉ざされた何かではなく、人間の想像力を通じて共有される何かだということです。心を持っているというよりは、共に心を生きることが、人間が根底的に人間的になるということの基盤であるということです。そのためには、想像力のたゆまぬレッスンが必要なのですが、はからずも数学、医学、哲学の最前線の議論はそこに収斂していきました。

第Ⅱ部「存在の語り方」は、市川先生によるユダヤ思想における存在についての議論から始まります。エマニュエル・レヴィナスという20世紀後半のユダヤ的転回を支えた哲学者が、「存在とは別の仕方で」と唱えて、ギリシア以来の存在論を批判していきます。その批判を支えたのは、シュシャーニというラビのもとで学んだタルムードの学でした。それは「神の言葉に従って生きる」ことを中心に据えて、たえず神の言葉を解釈し直しながら、どう振る舞っていけばよいのかを考えるという実践的なものです。したがって、人間を超えるものを安易な仕方で問うことを禁止します。「上下前後」、すなわち天上界、死後の世界、天地創造の前、世の終わりについて問うことは、神ならぬ人間を超えたことである、というわけです。ギリシア以来の存在論が常に「上下前後」に関わり続けたことと比べると、ユダヤ思想が異なるアプローチを取っていたことがわかります。レヴィナスの言葉に、「神よりもトーラーを愛す」とありますが、それはこのようなユダヤ思想に支えられていたことがわかります。

次に、浅井先生は、現代物理学において、存在概念が粒のような実体から入れ物のような場あるいは情報に変化したことを強調されました。それは、古典的な力学から相対性理論へ、さらには量子力学へという変遷とともに生じたものです。そうすると、次に問題になるのは、それなのになぜわたしたちは実体として世界を見てしまうのかということです。実体と波、場、情報をどう繋げばよいのか。それは、相対性理論と量子力学を繋ぐという、アインシュタインが拒んだ難題に挑むということです。そのためには人間の理性や数学をより洗練して使っていく必要が一方にはありますが、浅井先生は今の段階のそれらではもはや十分ではないともお考えになっています。実験や観測の技術が飛躍的に進歩しているのに、そのデータをちゃんと説明できる概念的な枠組みが追いついていない、というのです。こうした現代物理学の最前線は、まさしく哲学を含む概念を作り上げる学問との接点であることがよくわかります。

永井先生は、存在者としての人間を医学がどう考えてきたのかを論じられました。まず医学という学を系譜学的に振り返ることから議論を始められます。その上で、日本の近代医学は、「機械論医学」という物理学や化学そして生理学に基づいた科学としての医学という、当時のヨーロッパの最先端の医学から出発したと述べられます。それは、実証的で、統計に基づくものでした。森鷗外はその代表的な人物で、よく知られた脚気論争では、統計学の前提に拘りすぎて、誤った結論に与してしまいました。それを踏まえて、永井先生は、個としての人間を見る医学の重要性を強調されます。数値化された情報だけで人間という存在を語ることがバイオポリティクスとしての医学だとすれば、それに還元されない個の物語を医学が考えることが重要だと結論づけられます。「日本の医学は、いまも普請中である」という言葉は大変印象に残るものでした。

3名の先生方の議論からもっとも考えさせられたのは、人間の再定義の必要性です。存在者としての人間という定義が、近代西洋を受容して以降、大きな前提として共有されてきました。しかし、今や存在概念が根本的に問い直されています。実体として、計算される対象としての人間ではなく、この世界を個の物語と共に生きる人間が、どのように自らを超えたものに開かれていくのか。それは、人間が神になるという傲慢や、宇宙のすべてを知ることができるという傲慢に陥ることではないでしょう。人間はタルムードのようなテキストを読むことを通じてかろうじて人間的になっていく、慎ましい存在者 being いやむしろより慎ましい、なりゆく者 becoming かもしれません。

いかがでしょうか。読者のみなさんは、こうした議論から、何か新しい社会的想像力への手がかりを摑めそうでしょうか。さらに考察を深めたい読者のために、「より深い思考へ」というパレルゴン（作品の傍にあるもの）を準備しました。第Ⅰ部は、小林先生、合原先生、横山先生、第Ⅱ部は、市川先生、浅井先生に寄稿していただきました。そちらもお読みいただいて、今度はみなさんお一人お一人が、「普請中」の議論に参加していただければと思います。

最後になりましたが、座談会にご出席いただきました先生方と修了生のみなさま、この企画を通してご協力いただいた東大ＥＭＰの関係者のみなさま、出版にこぎつけるまでの長い道を共に歩んでいただきました東京大学出版会とりわけ黒田拓也さんに感謝したいと思います。

中島隆博

２０１８年６月

## 編者および執筆者一覧

［編　者］

東京大学エグゼクティブ・マネジメント・プログラム（東大 EMP）

東京大学がこれまで培ってきた最先端かつ多様な知的資産を資源とし、マネジメントの知識や幅広い教養を駆使して人類の蓄積を自在に使いこなす、高い総合能力を備えた人材を育成しようとするプログラム。次世代のリーダーになる可能性のある人材を対象に、東京大学独自の発想に基づいた「唯一無二」のプログラムを組み立て、一層多極化し、複雑化する世界においても通用する課題設定と解決の能力を身につける「場」を提供する。2008 年 10 月の開講以来、大企業だけでなく、中小・ベンチャー企業、そして行政機関、プロフェッショナル・ファーム等から受講生の参加を得る。

中島隆博（東京大学東洋文化研究所教授）

1964 年生まれ。専門は中国哲学、比較哲学。主な著書に『共生のプラクシス——国家と宗教』（東京大学出版会、2011 年、和辻哲郎文化賞受賞）、『ヒューマニティーズ　哲学』（岩波書店、2009 年）、『思想としての言語』（岩波書店、2017 年）などがある。

［執筆者（五十音順）、所属は執筆時］

合原一幸（あいはら かずゆき　東京大学生産技術研究所教授）
浅井祥仁（あさい しょうじ　東京大学大学院理学系研究科教授）
市川　裕（いちかわ ひろし　東京大学大学院人文社会系研究科教授）
小野塚知二（おのづか ともじ　東京大学大学院経済学研究科教授）
小林康夫（こばやし やすお　青山学院大学大学院総合文化政策学研究科特任教授、東京大学名誉教授）
永井良三（ながい りょうぞう　自治医科大学学長、東京大学名誉教授）
尾藤晴彦（びとう はるひこ　東京大学大学院医学系研究科教授）
横山禎徳（よこやま よしのり　東京大学エグゼクティブ・マネジメント・プログラム 企画推進責任者、県立広島大学大学院経営管理研究科研究科長）

東大エグゼクティブ・マネジメント
世界の語り方1　心と存在

2018年9月10日　初　版

［検印廃止］

編　者　東大《とうだい》EMP・中島隆博《なかじまたかひろ》

発行所　一般財団法人　東京大学出版会

代表者　吉見俊哉
153-0041 東京都目黒区駒場 4-5-29
http://www.utp.or.jp/
電話 03-6407-1069　FAX 03-6407-1991
振替 00160-6-59964

印刷所　株式会社真興社
製本所　牧製本印刷株式会社


ISBN 978-4-13-043061-6　Printed in Japan

| | | |
|---|---|---|
| 東大エグゼクティブ・マネジメント<br>課題設定の思考力 | 東大 EMP・<br>横山禎徳 編 | 四六判/256頁/1,800円 |
| 東大エグゼクティブ・マネジメント<br>デザインする思考力 | 東大 EMP・<br>横山禎徳 編 | 四六判/272頁/2,000円 |
| 世界で働くプロフェッショナルが語る<br>東大のグローバル人材講義 | 江川雅子＋<br>東京大学教養学部　編<br>教養教育高度化機構 | A 5判/242頁/2,400円 |
| ブレイクスルーへの思考<br>東大先端研が実践する発想のマネジメント | 東京大学先端科学技術<br>研究センター＋<br>神崎亮平 編 | 四六判/272頁/2,200円 |
| 芸術を創る脳<br>美・言語・人間性をめぐる対話 | 酒井邦嘉 編/<br>曽我大介・羽生善治・<br>前田知洋・千住 博 | 四六判/272頁/2,500円 |
| 高校数学でわかるアインシュタイン<br>科学という考え方 | 酒井邦嘉 | 四六判/240頁/2,400円 |
| 知のオデュッセイア<br>教養のためのダイアローグ | 小林康夫 | 四六判/290頁/2,800円 |
| 共生のプラクシス<br>国家と宗教 | 中島隆博 | A 5判/320頁/5,000円 |

ここに表示された価格は本体価格です．御購入の
際には消費税が加算されますので御了承下さい．